Gonglu Zhifa Chachu de Weifa Xingwei Jiqi Falü Zeren

公路执法查处的违法行为及其法律责任

陈　晖　张柱庭　编著

人民交通出版社

内容提要

全书内容分为四部分。第一部分是《公路法》规定的违法行为定名研究，具体内容为：违法行为定名的基本理论，《公路法》规定的违法行为定名理论与实践，《公路法》规定的违法行为定名研究意见。第二部分是公路执法查处的违法行为及其法律责任，具体内容为：《公路法》规定的违法行为及其法律责任，《公路管理条例》规定的违法行为及其法律责任和《收费公路管理条例》规定的违法行为及其法律责任，《公路法》规定的行政违法行为及其法律责任和《公路法》规定的民事违法行为及其法律责任，《公路法》规定的强制措施，《路政管理规定》规定的强制措施，《道路交通安全法》规定的强制措施和《行政许可法》规定的强制措施。第三部分是公路案件案由，具体内容为：公路行政执法案由，公路案件民事案由。第四部分是相关法律法规。

本书可供公路执法和管理人员学习使用。

目　　录

第一部分

《公路法》规定的违法行为定名研究

所有法律规范的基本结构理论上都应当包括两部分,行为规范和法律后果。法律设定行为规范后,对符合行为规范的行为予以肯定即表彰;对违反行为规范的行为予以否定即惩罚。违反行为规范的行为是客观存在的,对它进行归类和定名研究是法学的一个重要任务。

《公路法》也不例外,它规定了大量的行为规范,违反这些行为规范的违法行为,同样需要对它进行归类和定名研究。由于种种原因,《公路法》第一章《总则》、第二章《公路规划》、第三章《公路建设》、第四章《公路养护》、第五章《路政管理》、第六章《收费公路》、第七章《监督检查》规定了大量的行为规范,但第八章《法律责任》对违反第五章《路政管理》行为规范有明确的法律责任;对第一章《总则》和第三章《公路建设》行为规范,只对"在公路上乱设站卡、乱收费"和"未经批准擅自施工"规定了法律责任;其余的都只有行为规范,没有法律责任。在只有行为规范,没有法律责任的条件下,研究其违法行为的定名是没有意义的。

因此，笔者研究的范围包括：《公路法》第五章《路政管理》、第一章《总则》和第三章《公路建设》中承担法律责任的违法行为的定名。

第一单元　违法行为定名的基本理论

一、违法行为的定义及其表现形式

法律总是通过设定人们的行为模式及相应的保障手段来实现对社会的调控。法律行为涵括了一切具有法律意义和属性的行为。依照是否符合法律要求这一标准，法律行为可以划分为合法行为和违法行为两大类。前者是指行为人履行法定义务、不实施法律禁止的作为或不作为，即符合法律要求，受到国家承认、保护和奖励的行为，后者是指行为人不履行法定义务或实施法律禁止的作为或不作为，即违反法律要求，受到国家否定、取缔或惩罚的行为。违法行为可分为刑事违法行为、民事违法行为和行政违法行为。

违法行为有两种表现形式,即作为的违法行为和不作为的违法行为。所谓作为的违法行为,是指行为人作了法律所不允许的行为。例如,《中华人民共和国公路法》(第51条)禁止将公路作为试车场地,行为人违反该法的规定,将公路作为试车场地,行为人的这种行为,就是作为的违法行为。所谓不作为的违法行为,是指法律要求行为人作而没有作的行为。例如,施工人员应当设置明显标志和采取安全措施,未设置明显标志和采取安全措施造成他人损害,就属于不作为的违法行为。判断行为人有无不作为的违法行为,最主要的要看两条:第一,行为人在法律上是否有作为的义务;第二,负有一定义务的人在当时是否具备了履行的条件。行为人只有在法律上负有义务,并且具备履行条件而不履行,才能认定其有不作为的违法行为。

二、违法行为的构成要件

违法行为由以下四个要件构成:

（一）违法行为的客体

违法行为的客体是指违法行为所侵犯的为法律所保护的社会关系。任何违法行为都有其作用的客体，行为如果没有或根本不可能侵害法律所保护的社会关系和社会秩序，就不具有社会危害性。当然，不会被法律所禁止，也不构成违法行为。违法行为的客体又可分为直接客体、间接客体、同类客体。一般对违法行为的分类和定名是按直接客体的分类和定名进行的。

（二）违法行为的客观方面

违法行为的客观方面是指违反法律规定的客观行为。违法行为必然业已发生，客观存在，且在客观上违反了法律规定，单纯的思想活动不构成违法。如果法律要求为而不为或法律禁止为而为，或不按法律规定的方式、程序而为，则符合违法行为的客观要件。确认违法必须坚持以行为作为客观依据。

（三）违法行为的主体

违法行为的主体是指违法行为的实施者必

须是具有法定责任能力的自然人、法人或其他组织。对自然人来讲,只有达到法定年龄,具有了解自己行为的性质、意义和后果,并自觉地控制自己行为和对自己行为负责任的能力的人,即具有理解、辨认和控制自己行为的能力的人,才能成为违法主体;就法人(包括私法人和公法人,前者如公司,后者如国家机关)或其他组织而言,它们在成立时就具有相应的责任能力。一般情况下,如果其实施了违法行为,就成为违法主体。

(四)违法行为的主观方面

违法行为的主观方面指违法主体在实施违法行为时,主观上有过错。过错是行为人决定其行动的一种心理状态。过错包括故意和过失两种形式。行为人预见到自己行为的结果,并希望其发生或放任其发生的,叫故意。例如,明知在公路上堆砌障碍物会影响公路畅通而仍实施其行为者,属故意的违法行为。行为人对其行为的结果应预见到或能预见到但却未预见到,或者虽然遇见到但轻信其不会发生,以致造成损害结果的,这叫过失。例如,汽车驾驶员明知车辆制动不灵,但自信技术好仍然出车,途中因制动不灵而撞伤行人。驾驶员的行为,显然是一种过失。过错是违法行为必备的主观要件,否则,即使某种行为在客观上危害了社会,如果行为人不是出于故意或者过失,也不能认为是违法行为。违法行为只能是主观见之于客观的外在表现,单纯的过错心理不构成违法,确定违法必须坚持主、客观相统一的原则。

违法行为是上述四个构成要件,即主体要件与客体要件、主观要件与客观要件的统一体。各个构成要件之间相互联系、相互制约、不可分割,任何一个方面都不可或缺。

三、违法行为名称的功能

违法行为的名称,是对违法行为的本质或主要特征或共同特征的最简明、高度的概括,是违法行为质和量的规定性的统一。违法行为的名称不是仅仅起一种称呼作用,而是具有重要功能,主要体现在以下三个方面:

（一）概括功能

违法行为的名称是对法律分则条文中具体描述的违法行为的高度概括。法律分则条文中对违法行为的叙述往往比较具体、详尽，甚至存在着冗长累赘的情形。违法行为的名称能够用最简洁的文字高度地概括、抽象出违法行为的本质或主要特征、共同特征。

（二）评价功能

违法行为的名称可以起到一定的评价作用，即社会对某种行为及行为主体在政治和法律上的否定评价。这种评价有两层含义：一为是非评价。一旦某种行为被加上某一违法行为的名称，就表明该行为为社会所否定，是一种有害于社会的行为。二是受处罚轻重程度的评价。一种违法行为只有一个违法行为名称，一个违法行为名称特指一种违法行为，而法律又针对每一种违法行为规定了法律责任。因此，不同的违法行为名称就意味着不同的法律责任，将受到不同的处罚。正是在这种意义上，我们说违法行为的名称评价着行为社会危害性的大小、评价着行为人将受处罚的轻重。

(三)威慑功能

违法行为名称的威慑功能体现在两个方面:一是由于法律评价与道德评价基本上一致,违法行为的名称与丑行是紧密相连的。一旦被定了违法行为名称,就意味着干了不光彩的事,就有可能影响行为人今后的工作和生活,因此人们一般不愿戴上这顶“绿帽子”。这就使之约束自己的言行,这是违法行为名称威慑功能的道德基础。二是违法行为的名称与行为人所受的处罚密不可分,行为人所受的处罚是违法行为名称的必然后果。这就使得违法行为名称在行为人心理上产生威慑效应,这是违法行为名称威慑功能的法律基础。

四、对违法行为定名的原则和方法

(一)对违法行为定名的原则

给违法行为定名时,要严格遵循以下四个原则进行:

1. 法定原则

法定原则要求在给违法行为定名时，要严格根据法律分则条文中对违法行为的具体描述来确定违法行为的名称。法律分则条文中对违法行为的具体描述与违法行为的名称是内容与形式的关系。不能离开法律对违法行为的具体描述来滥定违法行为的名称，违法行为的名称应该有严格的法律规范性。

法定原则是确定违法行为名称的最基本、最重要的原则，其他原则都是由它派生出来的。

2. 本质原则

违法行为名称应当主要反映违法行为的本质特征，因此，应当以违法行为侵犯的直接客体为主来确定违法行为的名称。因为，违法行为侵犯的直接客体反映了某一违法行为的最本质特征。因此，应当尽量避免在违法行为的名称中出现违法行为的主体、主观方面（即过错）。当然，如果此违法行为与彼违法行为的区别主要体现在违法行为的主体或过错上，为了有利于划清此违法行为与彼违法行为的界限，必要时也可以在违法行为的名称中出现违法行为的主体、过错。

3. 简括原则

违法行为的名称应该严格根据法律分则条文中对违法行为的具体描述来确定。但如上所述，法律分则条文中对违法行为的具体描述不等于违法行为的名称。一般情况下，法律分则条文中对违法行为的具体描述不能直接作为违法行为的名称。违法行为的名称应当在法律分则条文中对违法行为的具体描述的基础上，选择最能反映某一违法行为本质的名称，对法律分则条文中具体描述的违法行为进行高度概括。因此，违法行为的名称应当简洁、概括，避免冗长、罗嗦。

4. 明确原则

违法行为的名称必须明确，不能笼统、含混。因此，违法行为名称的文字表述尽量要做到顾名思义，避免使用产生歧义或者可以有两种以上解释的词语，以便于在执法实践中正确理解和适用。有的法律分则条文中对违法行为的具体描述很长,如果实在无法高度概括,则宁可违法行为的名称长一些,也要保证明确。

(二)对违法行为定名的方法

对违法行为定名,通常采用以下几种方法:

1. 以违法行为的行为来确定违法行为名称

这是确定违法行为名称最常用的方法。根据违法行为的行为确定违法行为名称时,既可以根据法条对违法行为的概括性表述加以确定,也可以根据法条对违法行为的具体表述加以确定。但是,当具体表述过于繁琐时,则必须将具体表述加以概括、抽象后,再用于确定违法行为名称。否则,将不能保证违法行为名称的简练。例如,将公路作为试车场地的行为。

2. 以违法行为的主体加行为来确定违法行为名称

当不便采用违法行为的行为来确定违法行为名称,或者用违法行为的行为确定的违法行为名称不能与其他违法行为或者合法行为相区别时,可以考虑在违法行为的行为前面加上违法行为的主体来确定违法行为名称。例如,铁轮车、履带车和可能损害路面的机具擅自在公路上行驶的行为。

3. 以违法行为的结果来确定违法行为名称

用结果来确定违法行为名称的情况比较少见,但当用其他方法不能准确地确定违法行为名称时,可以考虑用此方法来确定违法行为名称。例如,造成公路路面损坏、污染或者影响公路畅通的行为。

五、给违法行为定名的意义

给违法行为定名,是指为法律规定的某种具体违法行为确定名称的活动。对违法行为进行统一、科学的定名,对于增强法律的可操作性和权威性,具有十分重要的意义,具体如下:

(一)保证执法活动的正确性

违法行为的名称是决定某种违法行为性质的标准。正确确定违法行为的名称,将有利于执法人员在执法活动中掌握法律分则条文中对违法行为的具体描述,准确确定违法行为的名称。

否则,可能会混淆违法行为之间的界限。如果没有明确的违法行为的名称,将会造成执法活动中对违法行为的名称的错误理解与运用,影响法律的正确实施。可见,科学和规范的违法行为名称,是执法人员给违法行为正确定性的前提。也是正确适用法律的前提。它对保证执法活动的正确性,具有重要意义。

(二)保证执法活动的高效性

法律的操作性与其规定的明确性有着直接关系。如果违法行为没有明确的名称,执法人员在执法活动中,就要根据法条规定来确定违法行为的名称。这样执法的难度自然加大,执法的效率,也当然低下。反之,给违法行为明确定名,能够为执法人员省去诸多麻烦,给其执法活动带来诸多便利。因为,如果有了形式上明朗化、确定化的违法行为名称,不仅有利于执法人员尽快掌握法律对违法行为的具体规定,同时也使执法人员在执法时,能够尽快给违法行为准确定性,提高执法的效率。这种执法效率的提高正是法的效益价值的充分体现；同时，由于执法效率的提高能够使社会资源得到更有效的使用和合理配置，有助于实现社会财富的最大化。这与人类政治、经济发展的主题正好吻合。

（三）保证执法活动的统一性

法是在经济、政治和文化方面占统治地位的阶级意志的体现。统治阶级的意志通过国家机关的立法活动，上升为国家意志。这种国家意志以法的形式体现出来，并且国家强制力保证法律在整个国家范围内实施，因而法律具有了统一性和普遍性。法的统一性要求法律在全国范围内形成统一的体系，并统一地普遍实施，对一切人和事有普遍的约束力。如果没有统一的违法行为的名称，将会造成执法活动中对违法行为的名称不尽一致，甚至相差甚远的理解与运用，执法人员对违法行为名称的确定会有一定的任意性和随机性。这样会导致违法行为名称的混乱和不统一，最终将会大大影响法制的协调统一。因此，对违法行为进行统一的定名，对于保证全国范围内执法活动的统一性，有着举足轻重的作用。

（四）维护法律的权威性

如上所述，法由国家创制，并由国家强制力保证在整个国家范围内实施，因而法律在全国范围内具有了统一性、普遍性的同时，也具有了极高的尊严和权威性。法律的权威有两种：一种是通过强制力来建立和维护，这是任何社会类型的法律的共性；另一种是靠法律自身的优良品格，如公正、科学、民主和效率等，来建立和维护的。

在现代社会，“法律至上”成为法治国家的标志之一。“法律至上”即法律声称对一个国家内所有的规范性组织的设立和运行具有禁止、许可或者规定条件的权威。它要求：在“良法之治”的基础上，法律具有至高无上的权威，亦即“良法”必须获得普遍的服从，使法律具有非人格化的最高权威。从实体上来看，“良法”必须反映平等、自由、民主、人权、科学、秩序等合理的法律价值和法的时代精神。从形式上来看，“良法”规范必须具有合理性，包括结构体系的完整性、规则要素的齐备性、内容组合的确定性和语言文字的精确性。由于受经济、政治、立法水平等因素的影响，在有些国家可能会出现调整某些社会关系的法律并非“良法”或者虽然是“良法”但其威望不够高的情形。这种情况的存在是与法治国家的理想目标相悖的。

违法行为名称的统一化、科学化和规范化，将有助于维护法律的权威性。一方面，统一、科学、规范的违法行为名称本身是“良法”（具有良好形式）的表现。它将有助于良法本身品质的提高，人们将有更优良的法律作为其行为准则，这将会增强人们对法律的信赖感，法律的神圣和威严也因此得到建立和维护。另一方面，由于法律的权威不可避免地需要通过强制力来建立和维护，而执法又是强制力的集中体现。那么在执法活动中，要保证法的权威性，就必须正确、统一执法，保证执法的严肃性。而科学、统一地确定违法行为名称有利于正确、统一执法，因而有利于建立和维护法律的权威。试想，如果对同一条文使用的违法行为名称不统一，或者“名”不符“实”，就容易使人认为法律条文的内容不稳定、不明确，从而有损法律的权威性。因此，只有对违法行为进行统一、科学的定名，确保执法的正确、统一和高效，才不致让人们对执法活动产生怀疑，才不致让人们对法律“科学、公正、效率”的价值目标产生困惑，才不致让人们对法律失去信赖，才能够更大限度地发挥法律的权威性，这也是实现法治的基础。

（五）充分实现法律的形式合理性

德国学者韦伯认为，合理性有实质合理性与形式合理性之分。在现代社会生活中，清晰、缜密的计算发挥的重要作用日益增长，而且其作用得到人们普遍的客观评价和承认。在某种意义上说，现代社会秩序的合理性纯粹是形式的，因为这种合理性指引的行动的后果具有最大程度的可计算性，这种行动可以达到任何一个不确定的、可能的实质目标。而实质合理性依据的是人们的观念，亦即被人们视为合理性尺度的目的、价值和信仰。实质合理性是主观的，对实质合理性的追求可能导致无序，合理回转化成不合理；形式合理性是客观的，它能够建立起一种可以预测行为后果的社会秩序。法律在追求其实质合理性的同时，应当追求其形式合理性。现代社会的法律已显现出其从追求实质合理性到追求形式合理性的走向。而给违法行为进行统一、科学的定名，则充分体现了对法律形式合理性的追求。因此，笔者建议立法者在立法时，将违法行为的名称明白无误、清清楚楚地规定在法律分则条文之中。对法律形式合理性的价值追求，将使法律为人们的行为提供最大限度的可预测性。

可见，违法行为名称的统一、科学和规范，既是保证执法活动高效、正确和统一的前提，同时也是法的权威和法律的形式合理性的价值追求的体现。因此，给违法行为定名，既是执法的需要，也是社会主义法制原则的要求，更是实现法治国家的需要。

第二单元 《公路法》规定的违法行为定名理论与实践

一、理论研究概况

目前，我国对刑事犯罪行为定名，已经有了完整的理论和实践，对民事违法行为定名是按侵权和违约两大类进行的，对行政法违法行为定名已体现在《治安管理处罚法》中。《公路法》是以调整行政关系为主，并适当调整民事关系的特殊法律，因此对其规定的违法行为定名的理论是复杂的。对此，目前国内的研究尚处于空白阶段，本研究具有开创意义。

《公路法》(1998 年 1 月 1 日实施)规定了应承担行政法律责任的 17 种违法行为，另有应承担民事责任的行为。此外还有大量有行为模式但无法律责任的行为规范，如违反也应认定为违法行为，但不予处罚的情况。它的违法行为的定名纷繁复杂，由于迄今没有一个与《公路法》配套的学科来研究统一的“《公路法》规定的违法行为定名”，因而出现了诸如“随意乱挖公路”、“擅自挖掘公路”、“未经批准开挖公路”以及“滥挖公路”等形形色色的定名。这种形形色色的定名，既不严肃，又不符合违法行为的构成要件，因而亟需对其进行研究并给予统一的科学的定名。只有在符合法制原则的基础上来统一《公路法》规定的违法行为的定名，才能使中国近10万公路执法人员拥有统一的公路违法行为名称和统一的认定标准，使全国的公路执法和公路管理统一化和规范化。这对推进公路执法的法制化进程，具有重要意义。

二、实践概况

为了解对《公路法》规定的违法行为定名的实践情况，笔者在若干个省、市、自治区进行了调查访问。笔者认为，目前对《公路法》规定的违法行为定名存在的主要问题有：

（一）全国定名不统一

某省是省内自己发明的各种违法行为定名有:违章超限运输、违章广告标牌、擅自挖掘公路、擅自开设路口、盗窃破坏公路或设施、损坏公路标志、损坏路树、损坏公路设施、其他损坏、污染路面、清拆、交通事故撞坏。

某自治区是从邻省翻版而来,各种违法行为定名:损坏路基、损坏砂(土)路面、损坏油路面、损坏涵洞、损坏桥面、损坏栏杆、倾倒废土、毁坏树木、占用公路、超限超载、污染路面、链轨车上路、占用公路用地、清理路障、损坏路肩、增设平交道口、书写广告语等。

某市自己发明的各种违法行为定名有:控制红线范围内建房、公路用地建房、超限损害公路、超限损毁公路、占用挖掘控制红线、设备广告牌(处)、交接道口、公路用地内采石取沙(土)、挖掘公路、砍毁路树、损坏里程牌、损坏石桩、损坏路基、损坏路肩、损坏路面、损坏桥涵、损坏桥面、损坏桥墩、损坏边沟、损坏波形护栏、损坏防护杆、损坏挡墙等。

各省反映各地定名不同，也不知哪个省正确；基层执法人员在执法中也发现驾驶员手中的处罚决定书写法不同。因此，各地的行政主体和行政相对人，尤其是执法人员和驾驶员都强烈要求《公路法》规定的违法行为定名，在全国要统一。

(二)未区分行政违法和民事违法行为

在笔者的调查了解中，只有一个省对《公路法》规定的违法行为定名区分了行政违法与民事违法行为，其他省、市、自治区均无此区分。笔者认为，行政违法与民事违法的性质不同，因而法律责任不同、处理程序不同、救济途径不同，区分两类案件是行政执法的基础。如果路政执法长期不区分两类案件进行处理，必然导致丧失路政执法的地位，与相对人变成平等的民事关系地位。

(三)违反违法行为的构成条件

在调查中，笔者翻阅了大量的《交通行政处罚决定书》，发现了大量的定名违反违法行为构成条件的案例。例如对“擅自在公路上超限行驶”的行为，许多地方写的是“超限”或“超限运输”或“擅自超限”。笔者认为，在对超限行驶的管理制度上，不是所有超限行驶都应认定为违法行为的，只有“擅自”才是违法的；在“公路上”才是路政执法的范围；只要“行驶”就可认定为违法，而不是必须“运输”。

认定违法行为必须符合违法行为的构成条件，这是社会主义法制的基本规则。反映在违法行为定名上的要求就是：认定违法行为的定名，必须在定名中一眼看穿法律保护的客体、行为人的违法所在。显然，写“超限”、“超限运输”、“擅自超限”都是错误的，只有写“擅自在公路上超限行驶”才是正确的。

（四）缺乏理论指导

长期以来，我国对《公路法》规定的违法行为定名缺乏理论指导，各地在定名问题上出现差异后无所适从，更无法说服行政相对人。理论是指导实践的基础，对《公路法》规定的违法行为定名,应当建立在符合法理、符合法律的理论基础之上。

第三单元 《公路法》规定的违法行为定名研究意见

一、研究意见

对于《公路法》规定的违法行为的定名,笔者在调查研究的基础上进行了认真分析,认为应当分为行政违法行为和民事违法行为两大类。在这两大类基础之上,按危害的直接客体和行为的表现形式进行名称的确定。确定后,组织若干次征求意见会,并在个别地方进行了适用。建议具体定名如下:

(一)行政违法行为的名称

1. 擅自在公路上设卡、收费

[简称]

(1)擅自在公路上设卡

(2)擅自在公路上收费

(3)擅自在公路上设卡、收费

[构成要件]

——客体:危害了《公路法》第9条规定的“禁止任何单位和个人在公路上非法设卡、收费、罚款和拦截车辆”的制度。

——主体:任何单位和年满14周岁精神健康的自然人。

——主观方面:故意或者过失。

——客观方面:必须是有违反法律或者国务院有关规定,擅自在公路上设卡、收费的行为。至于擅自在公路上设卡的数量和时间、收费的多少,不影响对该行为的定性,是影响处罚幅度的情节。

[法律依据]

违反《公路法》第9条规定,根据《公路法》第74条规定。

[法律责任]

责令停止违法行为,没收违法所得,可以处

违法所得3倍以下的罚款；没有违法所得的，可以处2万元以下的罚款；对负有直接责任的主管人员和其他直接责任人员，依法给予行政处分。

2. 擅自施工

[构成要件]

——客体：危害了《公路法》第25条规定的公路建设项目施工的许可制度。

——主体：建设单位或者施工单位。

——主观方面：故意或者过失。

——客观方面：没有按国务院交通主管部门的规定报请县级以上地方人民政府交通主管部门批准，擅自对公路建设项目的施工。

[法律依据]

违反《公路法》第25条规定，根据《公路法》第75条规定。

[法律责任]

可以责令停止施工，并可以处5万元以下的罚款。

3. 擅自占用、挖掘公路

[简称]

(1)擅自占用公路

(2)擅自挖掘公路

(3)擅自占用、挖掘公路

[构成要件]

——客体:危害了《公路法》第 44 条第 2 款占用、挖掘公路或者使公路改线的许可制度。

——主体:任何单位和年满 14 周岁精神健康的自然人。

——主观方面:故意和过失。

——客观方面:一是未经管理部门批准;二是有占用、挖掘公路的各种行为。占用、挖掘公路的程度不影响对该行为的定性,是影响处罚幅度的情节。

[法律依据]

违反《公路法》第 44 条第 1 款规定,根据《公路法》第 76 条第(一)项规定。

[法律责任]

责令停止违法行为,可以处 3 万元以下的罚款。

4. 未经同意修建跨越、穿越公路的桥梁、渡槽或者架设、埋设管线、电缆等设施或者未按照公路工程技术标准修建跨越、穿越公路的桥梁、渡槽或者架设、埋设管线、电缆等设施

［简称］

(1)未经同意修建跨越公路的桥梁

(2)未经同意修建穿越公路的桥梁

(3)未经同意修建跨越公路的渡槽

(4)未经同意修建穿越公路的渡槽

(5)未经同意跨越公路架设管线

(6)未经同意跨越公路架设电缆

(7)未经同意跨越公路架设设施

(8)未经同意跨越公路埋设管线

(9)未经同意跨越公路埋设电缆

(10) 未经同意跨越公路埋设设施

(11)未经同意穿越公路架设管线

(12)未经同意穿越公路架设电缆

(13)未经同意穿越公路架设设施

(14)未经同意穿越公路埋设管线

(15)未经同意穿越公路埋设电缆

(16)未经同意穿越公路埋设设施

(17)未按照《公路工程技术标准》修建跨越公路的桥梁

(18)未按照《公路工程技术标准》修建穿越公路的桥梁

(19)未按照《公路工程技术标准》修建跨越公路的渡槽

(20)未按照《公路工程技术标准》修建穿越公路的渡槽

(21)未按照《公路工程技术标准》跨越公路架设管线

(22)未按照《公路工程技术标准》跨越公路架设电缆

(23)未按照《公路工程技术标准》跨越公路架设设施

(24)未按照《公路工程技术标准》跨越公路埋设管线

(25)未按照《公路工程技术标准》跨越公路埋设电缆

(26)未按照《公路工程技术标准》跨越公路埋设设施

(27)未按照《公路工程技术标准》穿越公路架设管线

(28)未按照《公路工程技术标准》穿越公路架设电缆

(29)未按照《公路工程技术标准》穿越公路架设设施

(30)未按照《公路工程技术标准》穿越公路埋设管线

(31)未按照《公路工程技术标准》穿越公路埋设电缆

(32)未按照《公路工程技术标准》穿越公路埋设设施

[构成要件]

——客体:危害了《公路法》第 45 条跨越、穿越公路修建桥梁、渡槽的许可;跨越、穿越公路架设、埋设管线等设施的许可制度。

——主体:任何单位和年满 14 周岁精神健康的自然人。

——主观方面:故意和过失。

——客观方面:一是未经管理部门批准,修建跨越、穿越公路修建桥梁、渡槽的许可;跨越、穿越公路架设、埋设管线等设施;二是虽经批准但未按照公路工程技术标准修建跨越、穿越公路的桥梁、渡槽或者架设、埋设管线、电缆等设施。修建跨越、穿越公路修建桥梁、渡槽的工程规模,跨越、穿越公路架设、埋设管线等设施的规模,以及损坏公路的程度等不影响对该行为的定性,是影响处罚幅度的情节。

[法律依据]

违反《公路法》第 45 条规定,根据《公路法》第 76 条第(二)项规定。

[法律责任]

责令停止违法行为,可以处 3 万元以下的罚款。

5. 从事危及公路安全的作业

［构成要件］

——客体：危害了《公路法》第 47 条保护的确保公路安全的制度和第 47 条第 2 款规定的许可制度。

——主体：任何单位和年满 14 周岁精神健康的自然人。

——主观方面：故意和过失。

——客观方面：一是必须在大中型公路桥梁和渡口周围 200 米、公路隧道上方和洞口外 100 米范围内，以及在公路两侧一定距离内；二是未经省、自治区、直辖市人民政府交通主管部门会同水行政主管部门批准，并采取有效的保护有关的公路、公路桥梁、公路隧道、公路渡口安全的措施；三是有挖砂、采石、取土、倾倒废弃物，进行爆破作业及其他危及公路、公路桥梁、公路隧道、公路渡口安全的活动。

［法律依据］

违反《公路法》第 47 条规定，根据《公路法》

第 76 条第(三)项规定。

[法律责任]

责令停止违法行为,可以处 3 万元以下的罚款。

6. 铁轮车、履带车和可能损害路面的机具擅自在公路上行驶

[简称]

(1)铁轮车擅自在公路上行驶

(2)履带车擅自在公路上行驶

(3)可能损害路面的机具擅自在公路上行驶

[构成要件]

——客体:危害了《公路法》第 48 条规定的可能损害路面的机具在公路上行驶的许可制度。

——主体:任何年满 14 周岁精神健康的铁轮车、履带车和可能损害路面的机具的使用人。

——主观方面:故意和过失。

——客观方面:一是未经主管部门批准;二是铁轮车、履带车和可能损害路面的机具在公路上行驶。铁轮车、履带车和可能损害路面的机具

在公路上行驶，是否造成公路损坏以及造成公路损坏的程度，不影响对该行为的定性，是影响处罚幅度的情节。

［法律依据］

违反《公路法》第 48 条规定，根据《公路法》第 76 条第（四）项规定。

［法律责任］

责令停止违法行为，可以处 3 万元以下的罚款。

7. 车辆超限使用汽车渡船

［构成要件］

——客体：危害了《公路法》第 50 条规定的车辆超限使用汽车渡船的安全管理制度。

——主体：年满 14 周岁精神健康的车辆的使用人或者汽车渡船的所有人、经营人和管理人。

——主观方面：故意和过失。

——客观方面：一是车辆的使用人超过汽车渡船的限载、限高、限宽、限长标准的车辆，使用汽车渡船；二是汽车渡船的所有人、经营人和管理人,使用汽车渡船摆渡超过汽车渡船的限载、限高、限宽、限长标准的车辆。至于车辆超限使用汽车渡船是否发生事故不影响对该行为的定性,是影响处罚幅度的情节。

[法律依据]

违反《公路法》第 50 条规定,根据《公路法》第 76 条第(五)项规定。

[法律责任]

责令停止违法行为,可以处 3 万元以下的罚款;

8. 擅自在公路上超限行驶

[构成要件]

——客体:危害了《公路法》第 50 条规定的在公路上超限行驶的许可制度。

——主体:年满 14 周岁精神健康的车辆的使用人或者所有人、经营人和管理人。

——主观方面:故意和过失。

——客观方面:一是未经主管部门批准;二是必须使用超过公路、公路桥梁、公路隧道的限载、限高、限宽、限长标准的车辆；三是在有限定标准的公路、公路桥梁上或者公路隧道内行驶。至于是否发生事故、是否造成公路、公路桥梁、公路隧道的损坏，不影响对该行为的定性，是影响处罚幅度的情节。

［法律依据］

违反《公路法》第 50 条规定，根据《公路法》第 76 条第（五）项规定。

［法律责任］

责令停止违法行为，可以处 3 万元以下的罚款。

9. 损坏、移动、涂改公路附属设施

［简称］

（1）损坏公路附属设施

（2）移动公路附属设施

（3）涂改公路附属设施

［构成要件］

——客体：危害了《公路法》第 52 条规定的公路附属设施的保护制度。

——主体:任何单位和年满 14 周岁精神健康的自然人。

——主观方面:故意和过失。

——客观方面:一是必须有损坏、擅自移动、涂改公路附属设施的行为;二是必须损坏、擅自移动、涂改的是公路附属设施。公路附属设施,是指为保护、养护公路和保障公路安全畅通所设置的公路防护、排水、养护、管理、服务、交通安全、渡运、监控、通信、收费等设施、设备以及专用建筑物、构筑物等;三是必须是有危及公路安全的可能性。至于损坏程度、擅自移动、涂改公路附属设施的是否发生危及公路安全的事实,不影响对该行为的定性,是影响处罚幅度的情节。

[法律依据]

违反《公路法》第 52 条规定,根据《公路法》第 76 条第(六)项规定。

[法律责任]

责令停止违法行为,可以处 3 万元以下的罚款。

10. 损坏、挪动建筑控制区的标桩、界桩

［简称］

（1）损坏建筑控制区的标桩

（2）挪动建筑控制区的标桩

（3）损坏建筑控制区的界桩

（4）挪动建筑控制区的界桩

［构成要件］

——客体：危害了《公路法》第56条规定的公路建筑控制区的划定界线制度。

——主体：任何单位和年满14周岁精神健康的自然人。

——主观方面：故意和过失。

——客观方面：一是必须有损坏、擅自挪动公路建筑控制区标桩、界桩的行为；二是必须损坏、擅自挪动的是主管部门设置的建筑控制区的标桩、界桩，不是其他标桩、界桩；三是必须是有危及公路安全的可能性。至于损坏程度、擅自挪动公路建筑控制区标桩、界桩是否发生危及公路安全的事实，不影响对该行为的定性，是影响处

罚幅度的情节。

［法律依据］

违反《公路法》第 56 条规定，根据《公路法》第 76 条第（六）项规定。

［法律责任］

责令停止违法行为，可以处 3 万元以下的罚款。

11. 造成公路路面损坏、污染或者影响公路畅通

［简称］

（1）造成公路路面损坏

（2）造成公路路面污染

（3）影响公路畅通

［构成要件］

——客体：危害了《公路法》第 46 条规定的公路路面保护制度和公路畅通的保障制度。

——主体：任何单位和年满 14 周岁精神健康的自然人。

——主观方面：故意和过失。

——客观方面：一是必须有摆摊设点、堆放物品、倾倒垃圾、设置障碍、挖沟引水、利用公路边沟排放污物或者进行其他损坏、污染公路和影响公路畅通的活动；二是上述行为必须在公路上及公路用地范围内发生；三是必须有造成公路路面损坏、污染的事实或者影响公路畅通。

［法律依据］

违反《公路法》第 46 条规定，根据《公路法》第 77 条规定。

［法律责任］

责令停止违法行为，可以处 5 000 元以下的罚款。

12. 将公路作为试车场地

［构成要件］

——客体：危害了《公路法》第 51 条规定的公路保护制度。

——主体：机动车制造厂和其他单位。

——主观方面：故意和过失。

——客观方面：一是必须有试车的行为；二

是将公路作为检验机动车制动性能的场地。至于试车对公路是否造成损坏，不影响对该行为的定性，是影响处罚幅度的情节。

［法律依据］

违反《公路法》第 51 条规定，根据《公路法》第 77 条规定。

［法律责任］

责令停止违法行为，可以处 5 000 元以下的罚款。

13. 造成公路损坏未报告

［构成要件］

——客体：危害了《公路法》第 53 条规定的损坏公路案件查处的制度。

——主体：任何单位和年满 14 周岁精神健康的自然人。

——主观方面：故意和过失。

——客观方面：一是必须已经发生了损坏公路的事实；二是行为人没有向管理部门报告。没有向管理部门报告的认定，依据《道路交通安全法实施条例》第 88 条规定,是指发生损坏公路的事实后,没有报告驶离现场(或者移至不妨碍交通的地点)。损坏公路的程度,不影响对该行为的定性,主要是影响民事赔偿幅度的情节。

[法律依据]

违反《公路法》第 53 条规定,根据《公路法》第 78 条规定。

[法律责任]

处一千元以下的罚款。

14. 在公路用地内擅自设置非公路标志

[构成要件]

——客体:危害了《公路法》第 54 条规定的在公路用地范围内设置非公路标志的许可制度。

——主体:任何单位和年满 14 周岁精神健康的自然人。

——主观方面:故意和过失。

——客观方面:一是未经主管部门批准;二是擅自设置非公路标志;三是设置非公路标志的地点在公路用地范围内。其中非公路标志是指按照国家标准《道路交通标志标线》上，没有列为道路交通标志的标志。

［法律依据］

违反《公路法》第54条规定，根据《公路法》第79条规定。

［法律责任］

责令限期拆除，可以处2万元以下的罚款；逾期不拆除的，由交通主管部门拆除，有关费用由设置者负担。

15.擅自增设平面交叉道口

［构成要件］

——客体：危害了《公路法》第55条规定的在公路上增设平面交叉道口的许可制度。

——主体：任何单位和年满14周岁精神健康的自然人。

——主观方面：故意和过失。

——客观方面：一是未经主管部门批准；二是擅自在公路上增设平面交叉道口。其中“增设”，是指按照《公路工程技术标准》设计的公路中没有的平面交叉道口。

[法律依据]

违反《公路法》第55条规定，根据《公路法》第80条规定。

[法律责任]

责令恢复原状，处5万元以下的罚款。

16. 在公路建筑控制区修建建筑物、地面构筑物

[简称]

(1)在公路建筑控制区修建建筑物

(2)在公路建筑控制区修建地面构筑物

[构成要件]

——客体：危害了《公路法》第56条规定的在公路建筑控制区禁止修建建筑物、地面构筑物的制度。

——主体：任何单位和年满14周岁精神健康的自然人。

——主观方面：故意和过失。

——客观方面：一是必须有修建建筑物、地

面构筑物的行为;二是必须是在公路建筑控制区内修建。至于修建建筑物、地面构筑物的大小、规模,不影响对该行为的定性,是影响行政处罚幅度的情节。

[法律依据]

违反《公路法》第 56 条规定,根据《公路法》第 81 条规定。

[法律责任]

责令限期拆除,并可以处 5 万元以下的罚款。逾期不拆除的,由交通主管部门拆除,有关费用由建筑者、构筑者承担。

17. 擅自在公路建筑控制区埋设管线、电缆等设施

[简称]

(1)擅自在公路建筑控制区埋设管线

(2)擅自在公路建筑控制区埋设电缆

(3)擅自在公路建筑控制区埋设设施

[构成要件]

——客体:危害了《公路法》第 56 条规定的

在公路建筑控制区埋设管(杆)线、电缆等设施的许可的制度。

——主体:任何单位和年满 14 周岁精神健康的自然人。

——主观方面:故意和过失。

——客观方面:一是未经主管部门批准;二是擅自在公路建筑控制区埋设管(杆)线、电缆等设施。至于埋设管(杆)线、电缆等设施的大小、规模、长短,不影响对该行为的定性,是影响行政处罚幅度的情节。

[法律依据]

违反《公路法》第 56 条规定,根据《公路法》第 81 条规定。

[法律责任]

责令限期拆除,并可以处 5 万元以下的罚款。逾期不拆除的,由交通主管部门拆除,有关费用由建筑者、构筑者承担。

(二)民事违法行为的名称

1. 擅自占用、挖掘公路造成的损害

[简称]

(1)擅自占用公路造成的损害

(2)擅自挖掘公路造成的损害

(3)擅自占用、挖掘公路造成的损害

违反《公路法》第44条第1款规定,根据《公路法》第85条规定

2. 未经同意修建跨越、穿越公路的桥梁、渡槽或者架设、埋设管线、电缆等设施或者未按照公路工程技术标准修建跨越、穿越公路的桥梁、渡槽或者架设、埋设管线、电缆等设施的损害

[简称]

(1)未经同意修建跨越公路的桥梁造成的损害

(2)未经同意修建穿越公路的桥梁造成的损害

(3)未经同意修建跨越公路的渡槽造成的损害

(4)未经同意修建穿越公路的渡槽造成的损害

(5)未经同意跨越公路架设管线造成的损害
(6)未经同意跨越公路架设电缆造成的损害
(7)未经同意跨越公路架设设施造成的损害
(8)未经同意跨越公路埋设管线造成的损害
(9)未经同意跨越公路埋设电缆造成的损害
(10 未经同意跨越公路埋设设施造成的损害
(11)未经同意穿越公路架设管线造成的损害
(12)未经同意穿越公路架设电缆造成的损害
(13)未经同意穿越公路架设设施造成的损害
(14)未经同意穿越公路埋设管线造成的损害
(15)未经同意穿越公路埋设电缆造成的损害
(16)未经同意穿越公路埋设设施造成的损害

(17)未按照《公路工程技术标准》修建跨越公路的桥梁造成的损害

(18)未按照《公路工程技术标准》修建穿越公路的桥梁造成的损害

(19)未按照《公路工程技术标准》修建跨越公路的渡槽造成的损害

(20)未按照《公路工程技术标准》修建穿越

公路的渡槽造成的损害

(21)未按照《公路工程技术标准》跨越公路架设管线造成的损害

(22)未按照《公路工程技术标准》跨越公路架设电缆造成的损害

(23)未按照《公路工程技术标准》跨越公路架设设施造成的损害

(24)未按照《公路工程技术标准》跨越公路埋设管线造成的损害

(25)未按照《公路工程技术标准》跨越公路埋设电缆造成的损害

(26)未按照《公路工程技术标准》跨越公路埋设设施造成的损害

(27)未按照《公路工程技术标准》穿越公路架设管线造成的损害

(28)未按照《公路工程技术标准》穿越公路架设电缆造成的损害

(29)未按照《公路工程技术标准》穿越公路架设设施造成的损害

(30)未按照《公路工程技术标准》穿越公路埋设管线造成的损害

(31)未按照《公路工程技术标准》穿越公路埋设电缆造成的损害

(32)未按照《公路工程技术标准》穿越公路埋设设施造成的损害

违反《公路法》第 45 条规定,根据《公路法》第 85 条规定。

3. 从事危及公路安全的作业造成的损害

违反《公路法》第 47 条规定,根据《公路法》第 85 条规定。

4. 铁轮车、履带车和可能损害路面的机具擅自在公路上行驶造成的损害

[简称]

(1)铁轮车擅自在公路上行驶造成的损害

(2)履带车擅自在公路上行驶造成的损害

(3)可能损害路面的机具擅自在公路上行驶造成的损害

违反《公路法》第 48 条规定,根据《公路法》

第85条规定。

5. 擅自在公路上超限行驶造成的损害

违反《公路法》第50条规定，根据《公路法》第85条规定。

6. 损坏、移动、涂改公路附属设施造成的损害

[简称]

(1)损坏公路附属设施造成的损害

(2)移动公路附属设施造成的损害

(3)涂改公路附属设施造成的损害

违反《公路法》第52条规定，根据《民法通则》第117条第2款规定。

7. 损坏、挪动建筑控制区的标桩、界桩造成的损害

[简称]

(1)损坏建筑控制区的标桩造成的损害

(2)挪动建筑控制区的标桩造成的损害

(3)损坏建筑控制区的界桩造成的损害

(4)挪动建筑控制区的界桩造成的损害

违反《公路法》第 56 条规定，根据《民法通则》第 117 条第 2 款规定

8. 造成公路路面损坏、污染造成的损害

［简称］

（1）造成公路路面损坏造成的损害

（2）造成公路路面污染造成的损害

违反《公路法》第 46 条规定，根据《公路法》第 85 条规定。

9. 将公路作为试车场地造成的损害

违反《公路法》第 51 条规定，根据《公路法》第 85 条规定。

10. 在公路用地内擅自设置非公路标志造成的损害

违反《公路法》第 54 条规定，根据《公路法》第 85 条规定。

［法律责任］

责令限期拆除，可以处 2 万元以下的罚款；逾期不拆除的，由交通主管部门拆除，有关费用由设置者负担。

11. 擅自增设平面交叉道口造成的损害

违反《公路法》第 55 条规定，根据《公路法》第 85 条规定。

12. 其他：指上述案由未列造成的公路损害，例如交通事故致害。

违反《公路法》第 7 条规定，根据《公路法》第 85 条规定。

13. 违约造成的损害

违反《合同法》规定，承担的违约责任。

二、关于《研究意见》的说明

笔者对上述《研究意见》的有关问题说明如下：

（一）关于行政违法和民事违法行为的分类

我国的法律体系分为刑事法律、民事法律和行政法律三大类。其中违反刑事法律的行为由专门的司法机关负责，行政执法机关发现构成犯罪的，移送司法机关追究刑事责任即可。如前所述，《公路法》是以调整行政关系为主并适当调整民事关系的特殊法律，公路管理机构需要处理的案件也应区分行政违法与民事违法案件。行政违法与民事违法的性质不同,因而法律责任不同、处理程序不同、救济途径不同,区分两类案件是行政执法的基础。

(二)关于各种行政违法行为的定名

(1)关于违法行为的客体:《公路法》总体上是以完成保护公路为使命的,其保护的制度分为许可(行政审批)性规范和禁止性规范。根据《行政许可法》和《公路法》的规定,公路的行政许可项目包括:公路建设项目施工的许可;在公路桥梁、渡口、隧道、洞口及公路两侧一定范围内因抢险、防汛修筑堤坝、压缩或者拓宽河床的许可;占用、挖掘公路或者使公路改线的许可;跨越、穿越公路修建桥梁、渡槽的许可;跨越、穿越公路架设、埋设管线等设施的许可;在公路用地范围内架设、埋设管线、电缆等设施的许可;可能损害路面的机具在公路上行驶的许可;在公路上超限行驶的许可;在公路用地范围内设置非公路标志的许可;在公路上增设平面交叉道口的许可；在公路建筑控制区埋设管（杆）线、电缆等设施的许可等。

笔者将部分违法行为的客体写为危害了相关的许可制度，这是以该行为违反《公路法》"路政管理"和"法律责任"中的许可制度为依据的。此外，对违反禁止性规范的违法行为的客体，则直接写为危害了相关的公路保护制度。

（2）关于法定原则：法定原则是法制原则在定名中的应用和体现，笔者在定名时采用了严格遵守的作法，尽管该定名不一定是最简括的。例如"未经同意修建跨越、穿越公路的桥梁、渡槽或者架设、埋设管线、电缆等设施或者未按照公路工程技术标准修建跨越、穿越公路的桥梁、渡槽或者架设、埋设管线、电缆等设施"的定名，由于该名称是法定的，因此必须遵守。当然在使用时可以简化使用，例如对于修建跨越桥梁的行为可以定名为"未经同意修建跨越公路的桥梁"。

（3）关于简括原则：我们在遵守法定原则的基础上，尽量用最少的文字来描述违法行为的名称。例如“擅自占用、挖掘公路”就是用最少的文字来描述违法行为的名称。当然使用时还可以再简化为“擅自占用公路”、“擅自挖掘公路”。应当注意的是,采用简括原则须以遵守法定原则为前提。例如对于“造成公路路面损坏、污染或者影响公路畅通”的定名,有些省、市、自治区将它简括为“损坏公路”、“污染公路”、“影响公路畅通”三种。笔者认为,这些名称的确很简括,但它们改变了违法行为的构成。因为公路包括路面、路基,《公路法》第 77 条的规定只是保护路面,简括为“损坏公路”、“污染公路”,显然不符合法定性要求。

(4)关于本质原则:《公路法》规定的行为模式中尽管有关于绿化的规定,但在法律责任中没有将违法砍伐路树列为应处罚的违法行为。就其本质来看,违法砍伐路树破坏的直接客体是《森林法》所保护的社会制度,不是《公路法》特有的违法行为。如遇有此类案件,依照《森林法》对违法行为的定名进行处理即可。

(三)关于民事违法行为的定名

我国民事法律对民事违法行为的定名是按侵权和违约两大类进行的,其中侵权行为依照不同的标准又可以分为一般侵权行为和特殊侵权行为;人身侵权行为和财产侵权行为;侵犯所有权行为和侵犯债权行为。

根据《公路法》第85条“违反本法有关规定,对公路造成损害的,应当依法承担民事责任”的规定,公路管理机构可以追究的行为应当都是财产侵权行为中的侵犯所有权行为。为了更详细地反映各种对公路造成损害的民事行为,笔者按照经常发生的民事违法行为进行了分类并予以定名。为解决现有分类和定名不能“穷尽”的问题,笔者列出了第12种“其他”的弹性定名。

根据《公路法》第六章的规定,公路可以分为收费公路和不收费公路。根据合同法的相关理论,收费公路的用路人与收费公路的管理者或经营者之间又被视为存在合同关系。根据《合同法》的规定,在侵权行为和违约行为竞合的情况下，允许当事人（包括收费公路的用路人和收费公路的管理者或经营者）采用选择方法，提起侵权或违约之诉。对收费公路造成损害的行为，是侵权行为和违约行为的竞合，因此笔者列出了第13种“违约造成的损害”的定名，该定名仅适用于对收费公路造成损害时，当事人选择提起违约之诉的情况。

三、《研究意见》的使用建议

（一）建议公布统一的违法行为定名

法律规范的功能在于“范天下不一而归于一”，现在《公路法》已经有了行为规范，为统一违法行为定名奠定了法律基础。笔者建议将《研究意见》在审定通过后予以公布，从而使得统一、科学、规范的违法行为定名在全国得以实现。

（二）建议统一违法行为定名的使用方法

有了统一的违法行为定名，还需要统一违法行为定名的使用方法。例如案由应当统一使用违法行为的定名；法律文书如《交通违法行为通知书》、《交通行政处罚决定书》中，应当统一使用违法行为的定名。

(三)建议使用违法行为定名进行案件统计

目前,全国案件统计方法不一,结论也不同,更谈不到对各类案件发生规律的分析。因此,笔者建议使用违法行为定名来统一案件统计标准,具体包括:民事和行政案件分类统计制度;行为违法案件按定名分类(17 种案件)统计制度;各类案件的发案结案的统计制度。此外,在统一案件统计标准的基础上,建立统一的案件分析、报告、和发布制度。

第二部分

公路执法查处的违法行为
及其法律责任

第一单元 交通主管部门依法查处的违法行为及其法律责任

一、《公路法》规定的违法行为及其法律责任

序号	违法行为的名称	违反条款	责任条款	法律责任
一)	擅自在公路上设卡、收费			

序号	违法行为的名称	违反条款	责任条款	法律责任
1	擅自在公路上设卡	9	74	责令停止违法行为，可以处2万元以下的罚款；对负有直接责任的主管人员和其他直接责任人员，依法给予行政处分
2	擅自在公路上收费	9	74	责令停止违法行为，没收违法所得，可以处违法所得3倍以下的罚款；对负有直接责任的主管人员和其他直接责任人员，依法给予行政处分

序号	违法行为的名称	违反条款	责任条款	法律责任
3	擅自在公路上设卡、收费	9	74	责令停止违法行为,没收违法所得,可以处违法所得3倍以下的罚款,没有违法所得的,可以处2万元以下的罚款;对负有直接责任的主管人员和其他直接责任人员,依法给予行政处分
(二)	擅自施工			
4	擅自施工	25	75	可以责令停止施工,并可以处5万元以下的罚款

二、《公路管理条例》规定的违法行为及其法律责任

序号	违法行为的名称	违反条款	责任条款	法律责任	备注
1	不按照国家规定缴纳养路费	18	35	责令其补交，并处以罚款	对情节严重、倒换车牌或伪造、涂改征费凭证的，还应处以相当所欠费款1～5倍的罚款 《细则》61条
2	不按照国家规定缴纳通行费	10－2	35	责令其补交，并处以罚款	同上

序号	违法行为的名称	违反条款	责任条款	法律责任	备注
3	违反养路费使用规定	19	35	责令其返还费款，并处以罚款	

三、《收费公路管理条例》规定的违法行为及其法律责任

序号	违法行为的名称	违反条款	责任条款	法律责任	备注
1	擅自在公路上设立收费站收取车辆通行费	7	49	责令改正，强制拆除收费设施；有违法所得的，没收违法所得，并处违法所得2倍以上5倍以下的罚款；没有违法所得的，处1万元以上5万元以下的罚款；负有责任的主管人员和其他直接责任人员属于国家工作人员的，依法给予记大过直至开除的行政处分	交通部或省级交通主管部门依据职权处罚

序号	违法行为的名称	违反条款	责任条款	法律责任	备注
2	应当终止收费，不终止的强制执行	37－1	49	同上	同上
3	收费站的设置不符合标准	12	50	责令改正，并根据情节轻重，处5万元以上20万元以下的罚款	同上

序号	违法行为的名称	违反条款	责任条款	法律责任	备注
4	收费站擅自变更收费站位置	12	50	同上	同上

序号	违法行为的名称	违反条款	责任条款	法律责任	备注
5	未按照国家规定的标准和规范，对收费公路进行日常检查、维护	26	50	同上	同上

序号	违法行为的名称	违反条款	责任条款	法律责任	备注
6	未按照国家规定的标准和规范对收费公路沿线设施进行日常检查、维护	26	50	同上	同上

序号	违法行为的名称	违反条款	责任条款	法律责任	备注
7	未按照国家有关规定合理设置交通标志	28	50	同上	同上
8	未按照国家有关规定合理设置交通标线	28	50	同上	同上

序号	违法行为的名称	违反条款	责任条款	法律责任	备注
9	道口设置不符合车辆行驶安全要求	29	50	同上	同上
10	道口数量不符合车辆快速通过需要	29	50	同上	同上

序号	违法行为的名称	违反条款	责任条款	法律责任	备注
11	未按照规定设置安全防护设施	31－1	50	同上	同上
12	未进行提示	31－1	50	同上	同上
13	未进行公告	31－1	50	同上	同上

序号	违法行为的名称	违反条款	责任条款	法律责任	备注
14	遇有交通堵塞不及时疏导交通的	31－2	50	同上	同上
15	未及时公布限速通行信息	31－2	50	同上	同上

序号	违法行为的名称	违反条款	责任条款	法律责任	备注
16	未及时公布关闭收费公路信息	31－2	50	同上	同上
17	不及时拆除收费设施	39	53	责令限期拆除;逾期不拆除的,强制拆除。拆除费用由原收费公路经营管理者承担	省级交通主管部门

序号	违法行为的名称	违反条款	责任条款	法律责任	备注
18	未按照交通部规定的技术规范和操作规程进行收费公路养护	26	54	责令改正;拒不改正的,责令停止收费(责令停止收费后30日内仍未履行公路养护义务的,由省级交通主管部门指定其他单位进行养护。养护费用由原收费公路经营管理者承担。拒不承担的,由省级交通主管部门申请人民法院强制执行)	省级交通主管部门处罚

序号	违法行为的名称	违反条款	责任条款	法律责任	备注
19	未履行公路绿化义务	42	55	责令改正,并可以对原收费公路经营管理者处履行绿化、水土保持义务所需费用1~2倍的罚款	省级交通主管部门处罚
20	未履行公路水土保持义务	42	55	同上	同上

附录：

《收费公路管理条例》规定的由其他机关查处的违法行为

（一）省、自治区、直辖市人民政府查处的违法行为

（1）擅自批准收费公路建设；

（2）擅自批准收费公路收费站；

（3）擅自批准收费公路收费期限；

（4）擅自批准车辆通行费收费标准；

（5）擅自批准收费公路权益转让的。

根据 47 条，责令改正；对负有责任的主管人员和其他直接责任人员，依法给予记大过直至开除的行政处分；构成犯罪的，依法追究刑事责任。

（二）上级人民政府或者有关部门查处的违法行为

（1）非法干预收费公路经营管理；

（2）挤占、挪用收取的车辆通行费。

根据 48 条，责令停止非法干预，退回挤占、挪用的车辆通行费；对负有责任的主管人员和其

他直接责任人员依法给予记大过直至开除的行政处分;构成犯罪的,依法追究刑事责任。

(三)财政部门或者税务部门查处的违法行为

1. 收费时不开具票据

根据51条,责令改正,并根据情节轻重,处10万元以上50万元以下的罚款;负有责任的主管人员和其他直接责任人员属于国家工作人员的,依法给予记大过直至开除的行政处分;构成犯罪的,依法追究刑事责任。

2. 开具未经统一印(监)制的票据

根据51条,责令改正,并根据情节轻重,处10万元以上50万元以下的罚款;负有责任的主管人员和其他直接责任人员属于国家工作人员的,依法给予记大过直至开除的行政处分;构成犯罪的,依法追究刑事责任。

3. 开具已经过期失效的票据

根据51条,责令改正,并根据情节轻重,处10万元以上50万元以下的罚款;负有责任的主管人员和其他直接责任人员属于国家工作人员的，依法给予记大过直至开除的行政处分；构成犯罪的，依法追究刑事责任。

4. 未将车辆通行费足额存入财政专户

根据 52 条 1 款，财政部门予以追缴、补齐；对负有责任的主管人员和其他直接责任人员，依法给予记过直至开除的行政处分。

5. 未将转让政府还贷公路权益的收入全额缴入国库

根据 52 条 1 款，财政部门予以追缴、补齐；对负有责任的主管人员和其他直接责任人员，依法给予记过直至开除的行政处分。

（四）本级人民政府查处的违法行为

（1）财政部门未将政府还贷公路的车辆通行费用于偿还贷款、偿还有偿集资款；

（2）财政部门未将转让政府还贷公路权益的收入用于偿还贷款、偿还有偿集资款；

（3）财政部门将车辆通行费、转让政府还贷公路权益的收入挪作他用。

根据第 52 条 2 款，责令偿还贷款、偿还有偿集资款，或者责令退还挪用的车辆通行费和转让政府还贷公路权益的收入；对负有责任的主管人员和其他直接责任人员，依法给予记过直至开除的行政处分；构成犯罪的，依法追究刑事责任。

（五）其他机关处罚的违法行为

1. 价格违法行为

根据第56条，由国务院价格主管部门或者县级以上地方人民政府价格主管部门，依据价格管理的法律、法规和规章的规定予以处罚。

2. 故意堵塞收费道口构成违反治安管理行为

根据57条，由公安机关依法予以处罚；构成犯罪的，依法追究刑事责任。

3. 强行冲卡构成违反治安管理行为

根据57条，由公安机关依法予以处罚；构成犯罪的，依法追究刑事责任。

4. 殴打收费公路管理人员构成违反治安管理行为

根据57条，由公安机关依法予以处罚；构成犯罪的，依法追究刑事责任。

5. 破坏收费设施构成违反治安管理行为

根据57条，由公安机关依法予以处罚；构成犯罪的，依法追究刑事责任。

6. 其他扰乱收费公路经营管理秩序构成违反治安管理行为

根据57条，由公安机关依法予以处罚；构成犯罪的，依法追究刑事责任。

7. 假冒军队车辆逃交车辆通行费

根据58条，由有关机关依法予以处理。

8. 假冒武警部队车辆逃交车辆通行费

根据58条，由有关机关依法予以处理。

9. 假冒公安机关统一标志的制式警车逃交车辆通行费

根据58条，由有关机关依法予以处理。

10. 假冒抢险救灾车辆逃交车辆通行费

根据58条，由有关机关依法予以处理。

第二单元 由公路管理机构依法查处的违法行为及其法律责任

一、《公路法》规定的行政违法行为及其法律责任

序号	违法行为的名称	违反条款	后果条款	法律后果	备注
(一)	擅自占用、挖掘公路	44－1	76	责令停止违法行为，可以处3万元以下的罚款	
1	擅自占用公路				
2	擅自挖掘公路				

序号	违法行为的名称	违反条款	后果条款	法律后果	备注
3	擅自占用、挖掘公路				
二)	未经同意修建跨越、穿越公路的桥梁、渡槽或者架设、埋设管线、电缆等设施或者未按照公路工程技术标准修建跨越、穿越公路的桥梁、渡槽或者架设、埋设管线、电缆等设施	45	76	责令停止违法行为,可以处3万元以下的罚款	
4	未经同意修建跨越公路的桥梁				

序号	违法行为的名称	违反条款	后果条款	法律后果	备注
5	未经同意修建穿越公路的桥梁				
6	未经同意修建跨越公路的渡槽				
7	未经同意修建穿越公路的渡槽				
8	未经同意跨越公路架设管线				
9	未经同意跨越公路架设电缆				
10	未经同意跨越公路架设设施				

序号	违法行为的名称	违反条款	后果条款	法律后果	备注
11	未经同意跨越公路埋设管线				
12	未经同意跨越公路埋设电缆				
13	未经同意跨越公路埋设设施				
14	未经同意穿越公路架设管线				
15	未经同意穿越公路架设电缆				
16	未经同意穿越公路架设设施				

序号	违法行为的名称	违反条款	后果条款	法律后果	备注
17	未经同意穿越公路埋设管线				
18	未经同意穿越公路埋设电缆				
19	未经同意穿越公路埋设设施				
20	未按照公路工程技术标准修建跨越公路的桥梁				
21	未按照公路工程技术标准修建穿越公路的桥梁				

序号	违法行为的名称	违反条款	后果条款	法律后果	备注
22	未按照公路工程技术标准修建跨越公路的渡槽				
23	未按照公路工程技术标准修建穿越公路的渡槽				
24	未按照公路工程技术标准跨越公路架设管线				
25	未按照公路工程技术标准跨越公路架设电缆				

序号	违法行为的名称	违反条款	后果条款	法律后果	备注
26	未按照公路工程技术标准跨越公路架设设施				
27	未按照公路工程技术标准跨越公路埋设管线				
28	未按照公路工程技术标准跨越公路埋设电缆				

序号	违法行为的名称	违反条款	后果条款	法律后果	备注
29	未按照公路工程技术标准跨越公路埋设设施				
30	未按照公路工程技术标准穿越公路架设管线				
31	未按照公路工程技术标准穿越公路架设电缆				
32	未按照公路工程技术标准穿越公路架设设施				

序号	违法行为的名称	违反条款	后果条款	法律后果	备注
33	未按照公路工程技术标准穿越公路埋设管线				
34	未按照公路工程技术标准穿越公路埋设电缆				
35	未按照公路工程技术标准穿越公路埋设设施				
三)	从事危及公路安全的作业	47	76	责令停止违法行为,可以处3万元以下的罚款	

序号	违法行为的名称	违反条款	后果条款	法律后果	备注
36	从事危及公路安全的作业				
四)	铁轮车、履带车和可能损坏路面的机具擅自在公路上行驶	48	76	责令停止违法行为,可以处3万元以下的罚款	
37	铁轮车擅自在公路上行驶				
38	履带车擅自在公路上行驶				
39	可能损坏路面的机具擅自在公路上行驶				

序号	违法行为的名称	违反条款	后果条款	法律后果	备注
五)	车辆超限使用汽车渡船	50	76	责令停止违法行为,可以处 3 万元以下的罚款	
40	车辆超限使用汽车渡船				
六)	擅自在公路上超限行驶	50	76	责令停止违法行为,可以处 3 万元以下的罚款	
七)	损坏、移动、涂改公路附属设施	52	76	责令停止违法行为,可以处 3 万元以下的罚款	

序号	违法行为的名称	违反条款	后果条款	法律后果	备注
41	损坏公路附属设施				
42	移动公路附属设施				
43	涂改公路附属设施				
八)	损坏、挪动建筑控制区的标桩、界桩	52	76	责令停止违法行为，可以处3万元以下的罚款	
44	损坏建筑控制区的标桩				

序号	违法行为的名称	违反条款	后果条款	法律后果	备注
45	挪动建筑控制区的标桩				
46	损坏建筑控制区的界桩				
47	挪动建筑控制区的界桩				
九）	造成公路路面损坏、污染或者影响公路畅通	46	77	责令停止违法行为，可以处5 000 元以下的罚款	
48	造成公路路面损坏				

序号	违法行为的名称	违反条款	后果条款	法律后果	备注
49	造成公路路面污染				
50	影响公路畅通				
十)	将公路作为试车场地	51	77	责令停止违法行为，可以处5 000元以下的罚款	
51	将公路作为试车场地				
十一)	造成公路损坏未报告	53	78	处1 000元以下的罚款	

序号	违法行为的名称	违反条款	后果条款	法律后果	备注
52	造成公路损坏未报告				
十二)	在公路用地内擅自设置非公路标志	54	79	责令限期拆除，可以处2万元以下的罚款；逾期不拆除的，由交通主管部门拆除，相关费用由设置者负担	
53	在公路用地内擅自设置非公路标志				

序号	违法行为的名称	违反条款	后果条款	法律后果	备注
十三)	擅自增设平面交叉道口	55	80	责令恢复原状,处5万元以下的罚款	
54	擅自增设平面交叉道口				
十四)	在公路建筑控制区修建建筑物、地面构筑物	56	81	责令限期拆除,并可以处5万元以下的罚款。逾期不拆除的,由交通主管部门拆除,有关费用由建筑者、构筑者承担	

序号	违法行为的名称	违反条款	后果条款	法律后果	备注
55	在公路建筑控制区修建建筑物				
56	在公路建筑控制区修建地面构筑物				
十五)	擅自在公路建筑控制区埋设管线、电缆等设施	56	81	责令限期拆除,并可以处5万元以下的罚款。逾期不拆除的,由交通主管部门拆除,有关费用由建筑者、构筑者承担	

序号	违法行为的名称	违反条款	后果条款	法律后果	备注
57	擅自在公路建筑控制区埋设管线				
58	擅自在公路建筑控制区埋设电缆				
59	擅自在公路建筑控制区埋设设施				

二、《公路法》规定的民事违法行为及其法律责任

序号	民事违法行为名称	违反条款	后果条款	法律后果
一)	擅自施工造成的损害	25	85－1	赔偿损失
1	擅自施工造成的损害			
二)	擅自占用、挖掘公路造成的损害	44－1	85－1	赔偿损失
2	擅自占用公路			
3	擅自挖掘公路			
4	擅自占用、挖掘公路			

序号	民事违法行为名称	违反条款	后果条款	法律后果
三)	未经同意修建跨越、穿越公路的桥梁、渡槽或者架设、埋设管线、电缆等设施或者未按照公路工程技术标准修建跨越、穿越公路的桥梁、渡槽或者架设、埋设管线、电缆等设施造成的损害	45	85－1	赔偿损失
5	未经同意修建跨越公路的桥梁造成的损害			
6	未经同意修建穿越公路的桥梁造成的损害			

序号	民事违法行为名称	违反条款	后果条款	法律后果
7	未经同意修建跨越公路的渡槽造成的损害			
8	未经同意修建穿越公路的渡槽造成的损害			
9	未经同意跨越公路架设管线造成的损害			
10	未经同意跨越公路架设电缆造成的损害			
11	未经同意跨越公路架设设施造成的损害			
12	未经同意跨越公路埋设管线造成的损害			
13	未经同意跨越公路埋设电缆造成的损害			

序号	民事违法行为名称	违反条款	后果条款	法律后果
14	未经同意跨越公路埋设设施造成的损害			
15	未经同意穿越公路架设管线造成的损害			
16	未经同意穿越公路架设电缆造成的损害			
17	未经同意穿越公路架设设施造成的损害			
18	未经同意穿越公路埋设管线造成的损害			
19	未经同意穿越公路埋设电缆造成的损害			

序号	民事违法行为名称	违反条款	后果条款	法律后果
20	未经同意穿越公路埋设设施造成的损害			
21	未按照公路工程技术标准修建跨越公路的桥梁造成的损害			
22	未按照公路工程技术标准修建穿越公路的桥梁造成的损害			
23	未按照公路工程技术标准修建跨越公路的渡槽造成的损害			
24	未按照公路工程技术标准修建穿越公路的渡槽造成的损害			

序号	民事违法行为名称	违反条款	后果条款	法律后果
25	未按照公路工程技术标准跨越公路架设管线造成的损害			
26	未按照公路工程技术标准跨越公路架设电缆造成的损害			
27	未按照公路工程技术标准跨越公路架设设施造成的损害			
28	未按照公路工程技术标准跨越公路埋设管线造成的损害			
29	未按照公路工程技术标准跨越公路埋设电缆造成的损害			

序号	民事违法行为名称	违反条款	后果条款	法律后果
30	未按照公路工程技术标准跨越公路埋设设施造成的损害			
31	未按照公路工程技术标准穿越公路架设管线造成的损害			
32	未按照公路工程技术标准穿越公路架设电缆造成的损害			
33	未按照公路工程技术标准穿越公路架设设施造成的损害			
34	未按照公路工程技术标准穿越公路埋设管线造成的损害			

序号	民事违法行为名称	违反条款	后果条款	法律后果
35	未按照公路工程技术标准穿越公路埋设电缆造成的损害			
36	未按照公路工程技术标准穿越公路埋设设施造成的损害			
四)	从事危及公路安全的作业造成的损害	47	85－1	赔偿损失
37	从事危及公路安全的作业造成的损害			
五)	铁轮车、履带车和可能损坏路面的机具擅自在公路上行驶造成的损害	48	85－1	赔偿损失

序号	民事违法行为名称	违反条款	后果条款	法律后果
38	铁轮车擅自在公路上行驶造成的损害			
39	履带车擅自在公路上行驶造成的损害			
40	可能损坏路面的机具擅自在公路上行驶造成的损害			
六)	车辆超限使用汽车渡船造成的损害	50	85-1	赔偿损失
41	车辆超限使用汽车渡船造成的损害			

序号	民事违法行为名称	违反条款	后果条款	法律后果
七)	擅自在公路上超限行驶造成的损害	50	85－1	赔偿损失
八)	损坏、移动、涂改公路附属设施造成的损害	52	《民法通则》第117条第2款	赔偿损失
42	损坏公路附属设施造成的损害			
43	移动公路附属设施造成的损害			

序号	民事违法行为名称	违反条款	后果条款	法律后果
44	涂改公路附属设施造成的损害			
九）	损坏、挪动建筑控制区的标桩、界桩造成的损害	52	《民法通则》第117条第2款	赔偿损失
45	损坏建筑控制区的标桩造成的损害			
46	挪动建筑控制区的标桩造成的损害			
47	损坏建筑控制区的界桩造成的损害			

序号	民事违法行为名称	违反条款	后果条款	法律后果
48	挪动建筑控制区的界桩造成的损害			
十)	造成公路路面损坏、污染或者影响公路畅通造成的损害	46	85－1	赔偿损失
49	造成公路路面损坏			
50	造成公路路面污染			
51	影响公路畅通造成的损害			
十一)	将公路作为试车场地造成的损害	51	85－1	赔偿损失

序号	民事违法行为名称	违反条款	后果条款	法律后果
52	将公路作为试车场地造成的损害			
十二)	在公路用地内擅自设置非公路标志造成的损害	54	85 －1	赔偿损失
53	在公路用地内擅自设置非公路标志造成的损害			
十三)	擅自增设平面交叉道口造成的损害	55	85 －1	赔偿损失
54	擅自增设平面交叉道口造成的损害			
十四)	其他			

附录：

路政管理行政许可的项目

（一）由公路管理机构行政许可的项目

（1）占用、挖掘公路或者使公路改线的许可法律依据：《公路法》第 44 条第 2 款。

（2）跨越、穿越公路修建桥梁、渡槽的许可法律依据：《公路法》第 44 条第 2 款。

（3）跨越、穿越公路架设、埋设管线等设施的许可法律依据：《公路法》第 44 条第 2 款。

（4）在公路用地范围内架设、埋设管线、电缆等设施的许可法律依据：《公路法》第 45 条。

（5）可能损坏路面的机具在公路上行驶的许可法律依据：《公路法》第 48 条。

（6）在公路上超限行驶的许可法律依据：《公路法》第 50 条。

（7）在公路用地范围内设置非公路标志的许可法律依据：《公路法》第 54 条。

(8)在公路上增设平面交叉道口的许可法律依据:《公路法》第55条。

(9)在公路建筑控制区埋设管(杆)线、电缆等设施的许可法律依据:《公路法》第56条。

(10)公路用地上树木更新砍伐的许可法律依据:《公路法》第42条第2款。

(11)占用、挖掘公路或者跨越、穿越公路架设、增设管线设施施工完毕验收通行的许可法律依据:《道路交通安全法》第32条第2款。

(二)省级交通主管部门行政许可的项目

(12)在公路桥梁、渡口、隧道、洞口及公路两侧一定范围内因抢险、防汛修筑堤坝、压缩或者拓宽河床的许可法律依据:《公路法》第47条第2款。

第三单元 《公路法》及其他法律规定的强制措施

一、《公路法》规定的强制措施

序号	名称	适用范围	依据
1	检查、制止	各种侵占、损坏公路、公路用地、公路附属设施及其他违反本法规定的行为	第70条
2	责令停止施工	擅自施工	第75条

<table>
<tr><th>序号</th><th>名称</th><th>适 用 范 围</th><th>依据</th></tr>
<tr><td rowspan="2">3</td><td rowspan="2">责令停止违法行为</td><td>①擅自在公路上设卡
②擅自在公路上收费
③擅自在公路上设卡、收费</td><td>第 74 条</td></tr>
<tr><td>擅自占用、挖掘公路
④擅自占用公路
⑤擅自挖掘公路
⑥擅自占用、挖掘公路
未经同意修建跨越、穿越公路的桥梁、渡槽或者架设、埋设管线、电缆等设施或者未按照公路工程技术标准修建跨越、穿越公路的桥梁、渡槽或者架设、埋设管线、电缆等设施
⑦未经同意修建跨越公路的桥梁
⑧未经同意修建穿越公路的桥梁
⑨未经同意修建跨越公路的渡槽</td><td></td></tr>
</table>

序号	名称	适用范围	依据
3	责令停止违法行为	⑩未经同意修建穿越公路的渡槽 ⑪未经同意跨越公路架设管线 ⑫未经同意跨越公路架设电缆 ⑬未经同意跨越公路架设设施 ⑭未经同意跨越公路埋设管线 ⑮未经同意跨越公路埋设电缆 ⑯未经同意跨越公路埋设设施 ⑰未经同意穿越公路架设管线 ⑱未经同意穿越公路架设电缆 ⑲未经同意穿越公路架设设施	

序号	名称	适用范围	依据
3	责令停止违法行为	⑳未经同意穿越公路埋设管线 ㉑未经同意穿越公路埋设电缆 ㉒未经同意穿越公路埋设设施 ㉓未按照公路工程技术标准修建跨越公路的桥梁 ㉔未按照公路工程技术标准修建穿越公路的桥梁 ㉕未按照公路工程技术标准修建跨越公路的渡槽 ㉖未按照公路工程技术标准修建穿越公路的渡槽 ㉗未按照公路工程技术标准跨越公路架设管线 ㉘未按照公路工程技术标准跨越公路架设电缆 ㉙未按照公路工程技术标准跨越公路架设设施	

序号	名称	适用范围	依据
3	责令停止违法行为	㉚未按照公路工程技术标准跨越公路埋设管线 ㉛未按照公路工程技术标准跨越公路埋设电缆 ㉜未按照公路工程技术标准跨越公路埋设设施 ㉝未按照公路工程技术标准穿越公路架设管线 ㉞未按照公路工程技术标准穿越公路架设电缆 ㉟未按照公路工程技术标准穿越公路架设设施 ㊱未按照公路工程技术标准穿越公路埋设管线 ㊲未按照公路工程技术标准穿越公路埋设电缆 ㊳未按照公路工程技术标准穿越公路埋设设施 **从事危及公路安全的作业**	

序号	名称	适 用 范 围	依据
3	责令停止违法行为	㊴从事危及公路安全的作业 **铁轮车、履带车和可能损坏路面的机具擅自在公路上行驶** ㊵铁轮车擅自在公路上行驶 ㊶履带车擅自在公路上行驶 ㊷可能损坏路面的机具擅自在公路上行驶 **车辆超限使用汽车渡船** ㊸车辆超限使用汽车渡船 **擅自在公路上超限行驶** ㊹擅自在公路上超限行驶 **损坏、移动、涂改公路附属设施** ㊺损坏公路附属设施 ㊻移动公路附属设施 ㊼涂改公路附属设施 **损坏、挪动建筑控制区的标桩、界桩** ㊽损坏建筑控制区的标桩	

序号	名称	适 用 范 围	依据
3	责令停止违法行为	㊾挪动建筑控制区的标桩 ㊿损坏建筑控制区的界桩 51挪动建筑控制区的界桩	第76条
		52造成公路路面损坏 53造成公路路面污染 54影响公路畅通 **将公路作为试车场地** 55将公路作为试车场地	第77条
4	责令限期拆除	在公路用地内擅自设置非公路标志	第79条
		①在公路建筑控制区修建建筑物 ②在公路建筑控制区修建地面构筑物 ③擅自在公路建筑控制区埋设管线 ④擅自在公路建筑控制区埋设电缆 ⑤擅自在公路建筑控制区埋设设施	第81条

序号	名称	适用范围	依据
5	拆除	在公路用地内擅自设置非公路标志逾期不拆除	第79条
		①在公路建筑控制区修建建筑物逾期不拆除 ②在公路建筑控制区修建地面构筑物逾期不拆除 ③擅自在公路建筑控制区埋设管线逾期不拆除 ④擅自在公路建筑控制区埋设电缆逾期不拆除 ⑤擅自在公路建筑控制区埋设设施逾期不拆除	第81条
6	责令恢复原状	擅自增设平面交叉道口	第82条

二、《路政管理规定》规定的强制措施

名称	适用范围	依据
责令该车辆停驶，并停放在指定场所	对公路造成较大损坏、当场不能处理完毕的车辆	第38条

三、《道路交通安全法》规定的强制措施

名　称	适用范围	依　据
责令停止违法行为，并恢复原状	①未经批准，擅自挖掘道路 ②经批准，擅自占用道路施工 ③从事其他影响道路交通安全的活动	第38条

四、《行政许可法》规定的强制措施

序号	名称	适用范围	依据
1	撤销行政许可	①行政机关工作人员滥用职权、玩忽职守作出准予行政许可决定的； ②超越法定职权作出准予行政许可决定的； ③违反法定程序作出准予行政许可决定的； ④对不具备申请资格或者不符合法定条件的申请人准予行政许可的； ⑤依法可以撤销行政许可的其他情形。 ⑥被许可人以欺骗、贿赂等不正当手段取得行政许可的，应当予以撤销	第69条

序号	名称	适用范围	依据
2	注销行政许可	①行政许可有效期届满未延续的； ②赋予公民特定资格的行政许可，该公民死亡或者丧失行为能力的； ③法人或者其他组织依法终止的； ④行政许可依法被撤销、撤回，或者行政许可证件依法被吊销的； ⑤因不可抗力导致行政许可事项无法实施的； ⑥法律、法规规定的应当注销行政许可的其他情形	第70条
3	申请资格限制	①行政许可申请人隐瞒有关情况或者提供虚假材料申请行政许可的（申请属于直接关系公共安全、人身健康、生命财产安全事项的），申请人在1年内不得再次申请该行政许可； ②被许可人以欺骗、贿赂等不正当手段取得行政许可的（属于直接关系公共安全、人身健康、生命财产安全事项的），申请人在3年内不得再次申请该行政许可	第78条第79条

序号	名称	适用范围	依据
4	责令限期改正	被许可人未依法履行开发利用自然资源义务或者未依法履行利用公共资源义务的	第66条第2款
5	责令停止并立即改正	发现直接关系公共安全、人身健康、生命财产安全的重要设备、设施存在安全隐患的	第68条第2款
6	抄告	被许可人在作出行政许可决定的行政机关管辖区域外违法从事行政许可事项活动的，违法行为发生地的行政机关应当依法将被许可人的违法事实、处理结果抄告作出行政许可决定的行政机关	第64条

第三部分

公路案件案由

第一单元　公路行政执法案由

（共17类64种违法行为）

一、擅自在公路上设卡、收费

1. 擅自在公路上设卡

2. 擅自在公路上收费

3. 擅自在公路上设卡、收费

二、擅自施工

4. 擅自施工

三、擅自占用、挖掘公路

5. 擅自占用公路

6. 擅自挖掘公路

7. 擅自占用、挖掘公路

四、未经同意修建跨越、穿越公路的桥梁、渡槽或者架设、埋设管线、电缆等设施或者未按照公路工程技术标准修建跨越、穿越公路的桥梁、渡槽或者架设、埋设管线、电缆等设施

8. 未经同意修建跨越公路的桥梁

9. 未经同意修建穿越公路的桥梁

10. 未经同意修建跨越公路的渡槽

11. 未经同意修建穿越公路的渡槽

12. 未经同意跨越公路架设管线

13. 未经同意跨越公路架设电缆

14. 未经同意跨越公路架设设施

15. 未经同意跨越公路埋设管线

16. 未经同意跨越公路埋设电缆

17. 未经同意跨越公路埋设设施

18. 未经同意穿越公路架设管线

19. 未经同意穿越公路架设电缆

20. 未经同意穿越公路架设设施

21. 未经同意穿越公路埋设管线

22. 未经同意穿越公路埋设电缆

23. 未经同意穿越公路埋设设施

24. 未按照公路工程技术标准修建跨越公路的桥梁

25. 未按照公路工程技术标准修建穿越公路的桥梁

26. 未按照公路工程技术标准修建跨越公路的渡槽

27. 未按照公路工程技术标准修建穿越公路的渡槽

28. 未按照公路工程技术标准跨越公路架设管线

29. 未按照公路工程技术标准跨越公路架设电缆

30. 按照公路工程技术标准跨越公路架设设施

31. 未按照公路工程技术标准跨越公路埋设管线

32. 未按照公路工程技术标准跨越公路埋设电缆

33. 未按照公路工程技术标准跨越公路埋设设施

34. 未按照公路工程技术标准穿越公路架设管线

35. 未按照公路工程技术标准穿越公路架设

电缆

36. 未按照公路工程技术标准穿越公路架设设施

37. 未按照公路工程技术标准穿越公路埋设管线

38. 未按照公路工程技术标准穿越公路埋设电缆

39. 未按照公路工程技术标准穿越公路埋设设施

五、从事危及公路安全的作业

40. 从事危及公路安全的作业

六、铁轮车、履带车和可能损害路面的机具擅自在公路上行驶

41. 铁轮车擅自在公路上行驶

42. 履带车擅自在公路上行驶

43. 可能损害路面的机具擅自在公路上行驶

七、车辆超限使用汽车渡船

44. 辆超限使用汽车渡船

八、擅自在公路上超限行驶

45. 擅自在公路上超限行驶

九、损坏、移动、涂改公路附属设施

46. 损坏公路附属设施

47. 移动公路附属设施

48. 涂改公路附属设施

十、损坏、挪动建筑控制区的标桩、界桩

49. 损坏建筑控制区的标桩

50. 挪动建筑控制区的标桩

51. 损坏建筑控制区的界桩

52. 挪动建筑控制区的界桩

十一、造成公路路面损坏、污染或者影响公路畅通

53. 造成公路路面损坏

54. 造成公路路面污染

55. 影响公路畅通

十二、将公路作为试车场地

56. 将公路作为试车场地

十三、造成公路损坏未报告

57. 造成公路损坏未报告

十四、在公路用地内擅自设置非公路标志

58. 在公路用地内擅自设置非公路标志

十五、擅自增设平面交叉道口

59. 擅自增设平面交叉道口

十六、在公路建筑控制区修建建筑物、地面构筑物

60. 在公路建筑控制区修建建筑物

61. 在公路建筑控制区修建地面构筑物

十七、擅自在公路建筑控制区埋设管线、电缆等设施

62. 擅自在公路建筑控制区埋设管线

63. 擅自在公路建筑控制区埋设电缆

64. 擅自在公路建筑控制区埋设设施

第二单元　公路案件民事案由

（共 14 类 55 种违法行为）

一、擅自施工造成的损害

1. 擅自施工造成的损害

二、擅自占用、挖掘公路造成的损害

2. 擅自占用公路造成的损害

3. 擅自挖掘公路造成的损害

4. 擅自占用、挖掘公路造成的损害

三、未经同意修建跨越、穿越公路的桥梁、渡槽或者架设、埋设管线、电缆等设施或者未按照公路工程技术标准修建跨越、穿越公路的桥梁、渡槽或者架设、埋设管线、电缆等设施造成的损害

5. 未经同意修建跨越公路的桥梁造成的损害

6. 未经同意修建穿越公路的桥梁造成的损害

7. 未经同意修建跨越公路的渡槽造成的损害

8. 未经同意修建穿越公路的渡槽造成的损害

9. 未经同意跨越公路架设管线造成的损害

10. 未经同意跨越公路架设电缆造成的损害

11. 未经同意跨越公路架设设施造成的损害

12. 未经同意跨越公路埋设管线造成的损害

13. 未经同意跨越公路埋设电缆造成的损害

14. 未经同意跨越公路埋设设施造成的损害

15. 未经同意穿越公路架设管线造成的损害

16. 未经同意穿越公路架设电缆造成的损害

17. 未经同意穿越公路架设设施造成的损害

18. 未经同意穿越公路埋设管线造成的损害

19. 未经同意穿越公路埋设电缆造成的损害

20. 未经同意穿越公路埋设设施造成的损害

21. 未按照公路工程技术标准修建跨越公路的桥梁造成的损害

22. 未按照公路工程技术标准修建穿越公路的桥梁造成的损害

23. 未按照公路工程技术标准修建跨越公路的渡槽造成的损害

24. 未按照公路工程技术标准修建穿越公路的渡槽造成的损害

25. 未按照公路工程技术标准跨越公路架设管线造成的损害

26. 未按照公路工程技术标准跨越公路架设电缆造成的损害

27. 未按照公路工程技术标准跨越公路架设设施造成的损害

28. 未按照公路工程技术标准跨越公路埋设管线造成的损害

29. 未按照公路工程技术标准跨越公路埋设电缆造成的损害

30. 未按照公路工程技术标准跨越公路埋设设施造成的损害

31. 未按照公路工程技术标准穿越公路架设管线造成的损害

32. 未按照公路工程技术标准穿越公路架设电缆造成的损害

33. 未按照公路工程技术标准穿越公路架设

设施造成的损害

34. 未按照公路工程技术标准穿越公路埋设管线造成的损害

35. 未按照公路工程技术标准穿越公路埋设电缆造成的损害

36. 未按照公路工程技术标准穿越公路埋设设施造成的损害

四、从事危及公路安全的作业造成的损害

37. 从事危及公路安全的作业造成的损害

五、铁轮车、履带车和可能损害路面的机具擅自在公路上行驶造成的损害

38. 铁轮车擅自在公路上行驶造成的损害

39. 履带车擅自在公路上行驶造成的损害

40. 可能损害路面的机具擅自在公路上行驶造成的损害

六、车辆超限使用汽车渡船造成的损害

41. 车辆超限使用汽车渡船造成的损害

七、擅自在公路上超限行驶造成的损害

42. 擅自在公路上超限行驶造成的损害

八、损坏、移动、涂改公路附属设施造成的损害

43. 损坏公路附属设施造成的损害

44. 移动公路附属设施造成的损害

45. 涂改公路附属设施造成的损害

九、损坏、挪动建筑控制区的标桩、界桩造成的损害

46. 损坏建筑控制区的标桩造成的损害

47. 挪动建筑控制区的标桩造成的损害

48. 损坏建筑控制区的界桩造成的损害

49. 挪动建筑控制区的界桩造成的损害

十、造成公路路面损坏、污染或者影响公路畅通造成的损害

50. 造成公路路面损坏

51. 造成公路路面污染

52. 影响公路畅通造成的损害

十一、将公路作为试车场地造成的损害

53. 将公路作为试车场地造成的损害

十二、在公路用地内擅自设置非公路标志造

成的损害

54. 在公路用地内擅自设置非公路标志造成的损害

十三、擅自增设平面交叉道口造成的损害

55. 擅自增设平面交叉道口造成的损害

十四、其他

第四部分

相关法律法规

全国人民代表大会常务委员会关于修改《中华人民共和国公路法》的决定

附:修正本

（1999 年 10 月 31 日第九届全国人民代表大会常务委员会第十二次会议通过

1999 年 10 月 31 日中华人民共和国主席令第二十五号公布施行）

一、第九届全国人民代表大会常务委员会第十二次会议决定对《中华人民共和国公路法》作如下修改:

1. 第二十一条第一款修改为:“筹集公路建设资金,除各级人民政府的财政拨款,包括依法征税筹集的公路建设专项资金转为的财政拨款外,可以依法向国内外金融机构或者外国政府贷款。”

2. 第三十六条修改为:“国家采用依法征税

的办法筹集公路养护资金，具体实施办法和步骤由国务院规定。”

“依法征税筹集的公路养护资金，必须专项用于公路的养护和改建。”

3. 删去第七十六条。

《中华人民共和国公路法》根据本决定作相应的修改，重新公布，自公布之日起施行。

二、国务院在制定将公路和车辆收费改为征税的实施办法时，应当取消各种不合理收费，确定合理的征税幅度，并采取有效措施，防止增加农民负担；同时防止增加车辆用油以外的其他用油单位的负担。

全国人大常委会关于修改《中华人民共和国公路法》的决定

中华人民共和国主席令　第 十九 号

《全国人民代表大会常务委员会关于修改

〈中华人民共和国公路法〉的决定》已由中华人民共和国第十届全国人民代表大会常务委员会第十一次会议于2004年8月28日通过，现予公布，自公布之日起施行。

中华人民共和国主席　胡锦涛

2004年8月28日

全国人大常委会关于修改《中华人民共和国公路法》的决定

（2004年8月28日第十届全国人民代表大会常务委员会第十一次会议通过）

第十届全国人民代表大会常务委员会第十一次会议决定对《中华人民共和国公路法》作如下修改：

第五十条第一款修改为："超过公路、公路桥梁、公路隧道或者汽车渡船的限载、限高、限宽、限长标准的车辆，不得在有限定标准的公路、公路桥梁上或者公路隧道内行驶,不得使用汽车渡船。超过公路或者公路桥梁限载标准确需行驶的,必须经县级以上地方人民政府交通主管部门批准,并按要求采取有效的防护措施;运载不可解体的超限物品的,应当按照指定的时间、路线、时速行驶,并悬挂明显标志。”

本决定自公布之日起施行。

《中华人民共和国公路法》根据本决定作修改后,重新公布。

中华人民共和国公路法

（1997 年 7 月 3 日第八届全国人民代表大会常务委员会第二十六次会议通过 根据 1999 年 10 月 31 日第九届全国人民代表大会常务委员会第十二次会议《关于修改〈中华人民共和国公路法〉的决定》第一次修正 根据 2004 年 8 月 28 日第十届全国人民代表大会常务委员会第十一次会议《关于修改〈中华人民共和国公路法〉的决定》第二次修正）。

目　　录

第一章　总　　则

第一条　为了加强公路的建设和管理，促进公路事业的发展，适应社会主义现代化建设和人民生活的需要，制定本法。

第二条　在中华人民共和国境内从事公路的规划、建设、养护、经营、使用和管理，适用本法。

本法所称公路，包括公路桥梁、公路隧道和公路渡口。

第三条　公路的发展应当遵循全面规划、合理布局、确保质量、保障畅通、保护环境、建设改造与养护并重的原则。

第四条　各级人民政府应当采取有力措施，扶持、促进公路建设。公路建设应当纳入国民经济和社会发展计划。

国家鼓励、引导国内外经济组织依法投资建

设、经营公路。

第五条 国家帮助和扶持少数民族地区、边远地区和贫困地区发展公路建设。

第六条 公路按其在公路路网中的地位分为国道、省道、县道和乡道，并按技术等级分为高速公路、一级公路、二级公路、三级公路和四级公路。具体划分标准由国务院交通主管部门规定。

新建公路应当符合技术等级的要求。原有不符合最低技术等级要求的等外公路，应当采取措施，逐步改造为符合技术等级要求的公路。

第七条 公路受国家保护，任何单位和个人不得破坏、损坏或者非法占用公路、公路用地及公路附属设施。

任何单位和个人都有爱护公路、公路用地及公路附属设施的义务，有权检举和控告破坏、损坏公路、公路用地、公路附属设施和影响公路安全的行为。

第八条 国务院交通主管部门主管全国公路工作。

县级以上地方人民政府交通主管部门主管本行政区域内的公路工作;但是,县级以上地方人民政府交通主管部门对国道、省道的管理、监督职责,由省、自治区、直辖市人民政府确定。

乡、民族乡、镇人民政府负责本行政区域内的乡道的建设和养护工作。

县级以上地方人民政府交通主管部门可以决定由公路管理机构依照本法规定行使公路行政管理职责。

第九条 禁止任何单位和个人在公路上非法设卡、收费、罚款和拦截车辆。

第十条 国家鼓励公路工作方面的科学技术研究,对在公路科学技术研究和应用方面作出显著成绩的单位和个人给予奖励。

第十一条 本法对专用公路有规定的,适用于专用公路。

专用公路是指由企业或者其他单位建设、养护、管理,专为或者主要为本企业或者本单位提供运输服务的道路。

第二章　公路规划

第十二条　公路规划应当根据国民经济和社会发展以及国防建设的需要编制，与城市建设发展规划和其他方式的交通运输发展规划相协调。

第十三条　公路建设用地规划应当符合土地利用总体规划，当年建设用地应当纳入年度建设用地计划。

第十四条　国道规划由国务院交通主管部门会同国务院有关部门并商国道沿线省、自治区、直辖市人民政府编制，报国务院批准。

省道规划由省、自治区、直辖市人民政府交通主管部门会同同级有关部门并商省道沿线下一级人民政府编制，报省、自治区、直辖市人民政府批准，并报国务院交通主管部门备案。

县道规划由县级人民政府交通主管部门会同同级有关部门编制，经本级人民政府审定后，报上一级人民政府批准。

乡道规划由县级人民政府交通主管部门协助乡、民族乡、镇人民政府编制，报县级人民政府批准。

依照第三款、第四款规定批准的县道、乡道规划，应当报批准机关的上一级人民政府交通主管部门备案。

省道规划应当与国道规划相协调。县道规划应当与省道规划相协调。乡道规划应当与县道规划相协调。

第十五条 专用公路规划由专用公路的主管单位编制，经其上级主管部门审定后，报县级以上人民政府交通主管部门审核。

专用公路规划应当与公路规划相协调。县级以上人民政府交通主管部门发现专用公路规划与国道、省道、县道、乡道规划有不协调的地方，应当提出修改意见，专用公路主管部门和单位应当作出相应的修改。

第十六条 国道规划的局部调整由原编制机关决定。国道规划需要作重大修改的，由原编制机关提出修改方案,报国务院批准。

经批准的省道、县道、乡道公路规划需要修改的,由原编制机关提出修改方案,报原批准机关批准。

第十七条 国道的命名和编号,由国务院交通主管部门确定;省道、县道、乡道的命名和编号,由省、自治区、直辖市人民政府交通主管部门按照国务院交通主管部门的有关规定确定。

第十八条 规划和新建村镇、开发区,应当与公路保持规定的距离并避免在公路两侧对应进行,防止造成公路街道化,影响公路的运行安全与畅通。

第十九条 国家鼓励专用公路用于社会公共运输。专用公路主要用于社会公共运输时,由专用公路的主管单位申请,或者由有关方面申请,专用公路的主管单位同意,并经省、自治区、直辖市人民政府交通主管部门批准,可以改划为省道、县道或者乡道。

第三章　公 路 建 设

第二十条　县级以上人民政府交通主管部门应当依据职责维护公路建设秩序，加强对公路建设的监督管理。

第二十一条　筹集公路建设资金，除各级人民政府的财政拨款，包括依法征税筹集的公路建设专项资金转为的财政拨款外，可以依法向国内外金融机构或者外国政府贷款。

国家鼓励国内外经济组织对公路建设进行投资。开发、经营公路的公司可以依照法律、行政法规的规定发行股票、公司债券筹集资金。

依照本法规定出让公路收费权的收入必须用于公路建设。

向企业和个人集资建设公路，必须根据需要与可能，坚持自愿原则，不得强行摊派，并符合国务院的有关规定。

公路建设资金还可以采取符合法律或者国务院规定的其他方式筹集。

第二十二条 公路建设应当按照国家规定的基本建设程序和有关规定进行。

第二十三条 公路建设项目应当按照国家有关规定实行法人负责制度、招标投标制度和工程监理制度。

第二十四条 公路建设单位应当根据公路建设工程的特点和技术要求,选择具有相应资格的勘查设计单位、施工单位和工程监理单位,并依照有关法律、法规、规章的规定和公路工程技术标准的要求,分别签订合同,明确双方的权利义务。

承担公路建设项目的可行性研究单位、勘查设计单位、施工单位和工程监理单位,必须持有国家规定的资质证书。

第二十五条 公路建设项目的施工,须按国务院交通主管部门的规定报请县级以上地方人民政府交通主管部门批准。

第二十六条 公路建设必须符合公路工程技术标准。

承担公路建设项目的设计单位、施工单位和工程监理单位，应当按照国家有关规定建立健全质量保证体系，落实岗位责任制，并依照有关法律、法规、规章以及公路工程技术标准的要求和合同约定进行设计、施工和监理，保证公路工程质量。

第二十七条 公路建设使用土地依照有关法律、行政法规的规定办理。

公路建设应当贯彻切实保护耕地、节约用地的原则。

第二十八条 公路建设需要使用国有荒山、荒地或者需要在国有荒山、荒地、河滩、滩涂上挖砂、采石、取土的，依照有关法律、行政法规的规定办理后，任何单位和个人不得阻挠或者非法收取费用。

第二十九条 地方各级人民政府对公路建设依法使用土地和搬迁居民，应当给予支持和协助。

第三十条 公路建设项目的设计和施工，应当符合依法保护环境、保护文物古迹和防止水土流失的要求。

公路规划中贯彻国防要求的公路建设项目，应当严格按照规划进行建设，以保证国防交通的需要。

第三十一条　因建设公路影响铁路、水利、电力、邮电设施和其他设施正常使用时，公路建设单位应当事先征得有关部门的同意；因公路建设对有关设施造成损坏的，公路建设单位应当按照不低于该设施原有的技术标准予以修复，或者给予相应的经济补偿。

第三十二条　改建公路时，施工单位应当在施工路段两端设置明显的施工标志、安全标志。需要车辆绕行的，应当在绕行路口设置标志；不能绕行的，必须修建临时道路，保证车辆和行人通行。

第三十三条　公路建设项目和公路修复项目竣工后，应当按照国家有关规定进行验收；未经验收或者验收不合格的，不得交付使用。

建成的公路，应当按照国务院交通主管部门的规定设置明显的标志、标线。

第三十四条 县级以上地方人民政府，应当确定公路两侧边沟（截水沟、坡脚护坡道，下同）外缘起不少于一米的公路用地。

第四章 公 路 养 护

第三十五条 公路管理机构应当按照国务院交通主管部门规定的技术规范和操作规程对公路进行养护，保证公路经常处于良好的技术状态。

第三十六条 国家采用依法征税的办法筹集公路养护资金，具体实施办法和步骤由国务院规定。

依法征税筹集的公路养护资金，必须专项用于公路的养护和改建。

第三十七条 县、乡级人民政府对公路养护需要的挖砂、采石、取土以及取水，应当给予支持和协助。

第三十八条 县、乡级人民政府应当在农村义务工的范围内，按照国家有关规定组织公路两侧的农村居民履行为公路建设和养护提供劳务的义务。

第三十九条 为保障公路养护人员的人身安全，公路养护人员进行养护作业时，应当穿着统一的安全标志服；利用车辆进行养护作业时，应当在公路作业车辆上设置明显的作业标志。

公路养护车辆进行作业时，在不影响过往车辆通行的前提下，其行驶路线和方向不受公路标志、标线限制；过往车辆对公路养护车辆和人员应当注意避让。

公路养护工程施工影响车辆、行人通行时，施工单位应当依照本法第三十二条的规定办理。

第四十条 因严重自然灾害致使国道、省道交通中断，公路管理机构应当及时修复；公路管理机构难以及时修复时，县级以上地方人民政府应当及时组织当地机关、团体、企业事业单位、城乡居民进行抢修，并可以请求当地驻军支援，尽快恢复交通。

第四十一条　公路用地范围内的山坡、荒地，由公路管理机构负责水土保持。

第四十二条　公路绿化工作，由公路管理机构按照公路工程技术标准组织实施。

公路用地上的树木，不得任意砍伐；需要更新砍伐的，应当经县级以上地方人民政府交通主管部门同意后，依照《中华人民共和国森林法》的规定办理审批手续，并完成更新补种任务。

第五章　路 政 管 理

第四十三条　各级地方人民政府应当采取措施，加强对公路的保护。

县级以上地方人民政府交通主管部门应当认真履行职责，依法做好公路保护工作，并努力采用科学的管理方法和先进的技术手段，提高公路管理水平，逐步完善公路服务设施，保障公路的完好、安全和畅通。

第四十四条　任何单位和个人不得擅自占

用、挖掘公路。

因修建铁路、机场、电站、通信设施、水利工程和进行其他建设工程需要占用、挖掘公路或者使公路改线的，建设单位应当事先征得有关交通主管部门的同意；影响交通安全的，还须征得有关公安机关的同意。占用、挖掘公路或者使公路改线的，建设单位应当按照不低于该段公路原有的技术标准予以修复、改建或者给予相应的经济补偿。

第四十五条 跨越、穿越公路修建桥梁、渡槽或者架设、埋设管线等设施的，以及在公路用地范围内架设、埋设管线、电缆等设施的，应当事先经有关交通主管部门同意，影响交通安全的，还须征得有关公安机关的同意；所修建、架设或者埋设的设施应当符合公路工程技术标准的要求。对公路造成损坏的，应当按照损坏程度给予补偿。

第四十六条 任何单位和个人不得在公路上及公路用地范围内摆摊设点、堆放物品、倾倒垃圾、设置障碍、挖沟引水、利用公路边沟排放污物或者进行其他损坏、污染公路和影响公路畅通的活动。

第四十七条 在大中型公路桥梁和渡口周围二百米、公路隧道上方和洞口外一百米范围内，以及在公路两侧一定距离内，不得挖砂、采石、取土、倾倒废弃物，不得进行爆破作业及其他危及公路、公路桥梁、公路隧道、公路渡口安全的活动。

在前款范围内因抢险、防汛需要修筑堤坝、压缩或者拓宽河床的，应当事先报经省、自治区、直辖市人民政府交通主管部门会同水行政主管部门批准，并采取有效的保护有关的公路、公路桥梁、公路隧道、公路渡口安全的措施。

第四十八条 除农业机械因当地田间作业需要在公路上短距离行驶外，铁轮车、履带车和其他可能损害公路路面的机具，不得在公路上行驶。确需行驶的，必须经县级以上地方人民政府交通主管部门同意，采取有效的防护措施，并按照公安机关指定的时间、路线行驶。对公路造成损坏的，应当按照损坏程度给予补偿。

第四十九条 在公路上行驶的车辆的轴载质量应当符合公路工程技术标准要求。

第五十条 超过公路、公路桥梁、公路隧道或者汽车渡船的限载、限高、限宽、限长标准的车辆，不得在有限定标准的公路、公路桥梁上或者公路隧道内行驶，不得使用汽车渡船。超过公路或者公路桥梁限载标准确需行驶的，必须经县级以上地方人民政府交通主管部门批准，并按要求采取有效的防护措施；运载不可解体的超限物品的，应当按照指定的时间、路线、时速行驶，并悬挂明显标志。

运输单位不能按照前款规定采取防护措施的，由交通主管部门帮助其采取防护措施，所需费用由运输单位承担。

第五十一条 机动车制造厂和其他单位不得将公路作为检验机动车制动性能的试车场地。

第五十二条 任何单位和个人不得损坏、擅自移动、涂改公路附属设施。

前款公路附属设施，是指为保护、养护公路和保障公路安全畅通所设置的公路防护、排水、养护、管理、服务、交通安全、渡运、监控、通信、收费等设施、设备以及专用建筑物、构筑物等。

第五十三条 造成公路损坏的，责任者应当及时报告公路管理机构，并接受公路管理机构的现场调查。

第五十四条 任何单位和个人未经县级以上地方人民政府交通主管部门批准，不得在公路用地范围内设置公路标志以外的其他标志。

第五十五条 在公路上增设平面交叉道口，必须按照国家有关规定经过批准，并按照国家规定的技术标准建设。

第五十六条 除公路防护、养护需要的以外，禁止在公路两侧的建筑控制区内修建建筑物和地面构筑物；需要在建筑控制区内埋设管线、电缆等设施的，应当事先经县级以上地方人民政府交通主管部门批准。

前款规定的建筑控制区的范围，由县级以上地方人民政府按照保障公路运行安全和节约用地的原则，依照国务院的规定划定。

建筑控制区范围经县级以上地方人民政府依照前款规定划定后，由县级以上地方人民政府交通主管部门设置标桩、界桩。任何单位和个人不得损坏、擅自挪动该标桩、界桩。

第五十七条 除本法第四十七条第二款的规定外，本章规定由交通主管部门行使的路政管理职责，可以依照本法第八条第四款的规定，由公路管理机构行使。

第六章 收费公路

第五十八条 国家允许依法设立收费公路，同时对收费公路的数量进行控制。

除本法第五十九条规定可以收取车辆通行费的公路外，禁止任何公路收取车辆通行费。

第五十九条 符合国务院交通主管部门规定的技术等级和规模的下列公路，可以依法收取车辆通行费：

（一）由县级以上地方人民政府交通主管部门利用贷款或者向企业、个人集资建成的公路；

（二）由国内外经济组织依法受让前项收费公路收费权的公路；

（三）由国内外经济组织依法投资建成的公路。

第六十条 县级以上地方人民政府交通主管部门利用贷款或者集资建成的收费公路的收费期限，按照收费偿还贷款、集资款的原则，由省、自治区、直辖市人民政府依照国务院交通主管部门的规定确定。

有偿转让公路收费权的公路，收费权转让后，由受让方收费经营。收费权的转让期限由出让、受让双方约定并报转让收费权的审批机关审查批准，但最长不得超过国务院规定的年限。

国内外经济组织投资建设公路，必须按照国家有关规定办理审批手续；公路建成后，由投资者收费经营。收费经营期限按照收回投资并有合理回报的原则,由有关交通主管部门与投资者约定并按照国家有关规定办理审批手续,但最长不得超过国务院规定的年限。

第六十一条 本法第五十九条第一款第一项规定的公路中的国道收费权的转让,必须经国务院交通主管部门批准;国道以外的其他公路收费权的转让,必须经省、自治区、直辖市人民政府批准,并报国务院交通主管部门备案。

前款规定的公路收费权出让的最低成交价,以国有资产评估机构评估的价值为依据确定。

第六十二条 受让公路收费权和投资建设公路的国内外经济组织应当依法成立开发、经营公路的企业(以下简称公路经营企业)。

第六十三条 收费公路车辆通行费的收费标准,由公路收费单位提出方案,报省、自治区、直辖市人民政府交通主管部门会同同级物价行政主管部门审查批准。

第六十四条 收费公路设置车辆通行费的收费站,应当报经省、自治区、直辖市人民政府审查批准。跨省、自治区、直辖市的收费公路设置车辆通行费的收费站，由有关省、自治区、直辖市人民政府协商确定；协商不成的，由国务院交通主管部门决定。同一收费公路由不同的交通主管部门组织建设或者由不同的公路经营企业经营的，应当按照“统一收费、按比例分成”的原则，统筹规划，合理设置收费站。

两个收费站之间的距离，不得小于国务院交通主管部门规定的标准。

第六十五条 有偿转让公路收费权的公路，转让收费权合同约定的期限届满，收费权由出让方收回。

由国内外经济组织依照本法规定投资建成并经营的收费公路，约定的经营期限届满，该公路由国家无偿收回，由有关交通主管部门管理。

第六十六条 依照本法第五十九条规定受让收费权或者由国内外经济组织投资建成经营的公路的养护工作，由各该公路经营企业负责。各该公路经营企业在经营期间应当按照国务院交通主管部门规定的技术规范和操作规程做好对公路的养护工作。在受让收费权的期限届满，或者经营期限届满时，公路应当处于良好的技术状态。

前款规定的公路的绿化和公路用地范围内的水土保持工作，由各该公路经营企业负责。

第一款规定的公路的路政管理，适用本法第五章的规定。该公路路政管理的职责由县级以上地方人民政府交通主管部门或者公路管理机构的派出机构、人员行使。

第六十七条 在收费公路上从事本法第四十四条第二款、第四十五条、第四十八条、第五十条所列活动的，除依照各该条的规定办理外，给公路经营企业造成损失的，应当给予相应的补偿。

第六十八条 收费公路的具体管理办法，由国务院依照本法制定。

第七章　监督检查

第六十九条　交通主管部门、公路管理机构依法对有关公路的法律、法规执行情况进行监督检查。

第七十条　交通主管部门、公路管理机构负有管理和保护公路的责任，有权检查、制止各种侵占、损坏公路、公路用地、公路附属设施及其他违反本法规定的行为。

第七十一条　公路监督检查人员依法在公路、建筑控制区、车辆停放场所、车辆所属单位等进行监督检查时，任何单位和个人不得阻挠。

公路经营者、使用者和其他有关单位、个人，应当接受公路监督检查人员依法实施的监督检查，并为其提供方便。

公路监督检查人员执行公务，应当佩戴标志，持证上岗。

第七十二条　交通主管部门、公路管理机构应当加强对所属公路监督检查人员的管理和教育，要求公路监督检查人员熟悉国家有关法律和规定，公正廉洁，热情服务，秉公执法，对公路监督检查人员的执法行为应当加强监督检查，对其违法行为应当及时纠正，依法处理。

第七十三条 用于公路监督检查的专用车辆，应当设置统一的标志和示警灯。

第八章 法律责任

第七十四条 违反法律或者国务院有关规定，擅自在公路上设卡、收费的，由交通主管部门责令停止违法行为，没收违法所得，可以处违法所得3倍以下的罚款，没有违法所得的，可以处二万元以下的罚款；对负有直接责任的主管人员和其他直接责任人员，依法给予行政处分。

第七十五条 违反本法第二十五条规定，未经有关交通主管部门批准擅自施工的，交通主管部门可以责令停止施工，并可以处五万元以下的罚款。

第七十六条 有下列违法行为之一的，由交通主管部门责令停止违法行为，可以处三万元以下的罚款：

（一）违反本法第四十四条第一款规定，擅自占用、挖掘公路的；

（二）违反本法第四十五条规定，未经同意或者未按照公路工程技术标准的要求修建桥梁、渡槽或者架设、埋设管线、电缆等设施的；

（三）违反本法第四十七条规定，从事危及公路安全的作业的；

（四）违反本法第四十八条规定，铁轮车、履带车和其他可能损害路面的机具擅自在公路上行驶的；

（五）违反本法第五十条规定，车辆超限使用汽车渡船或者在公路上擅自超限行驶的；

（六）违反本法第五十二条、第五十六条规定，损坏、移动、涂改公路附属设施或者损坏、挪动建筑控制区的标桩、界桩，可能危及公路安全的。

第七十七条 违反本法第四十六条的规定，

造成公路路面损坏、污染或者影响公路畅通的，或者违反本法第五十一条规定，将公路作为试车场地的，由交通主管部门责令停止违法行为，可以处五千元以下的罚款。

第七十八条　违反本法第五十三条规定，造成公路损坏，未报告的，由交通主管部门处一千元以下的罚款。

第七十九条　违反本法第五十四条规定，在公路用地范围内设置公路标志以外的其他标志的，由交通主管部门责令限期拆除，可以处二万元以下的罚款；逾期不拆除的，由交通主管部门拆除，有关费用由设置者负担。

第八十条　违反本法第五十五条规定，未经批准在公路上增设平面交叉道口的，由交通主管部门责令恢复原状，处五万元以下的罚款。

第八十一条　违反本法第五十六条规定，在公路建筑控制区内修建建筑物、地面构筑物或者擅自埋设管线、电缆等设施的，由交通主管部门责令限期拆除，并可以处五万元以下的罚款。逾期不拆除的，由交通主管部门拆除，有关费用由建筑者、构筑者承担。

第八十二条 除本法第七十四条、第七十五条的规定外，本章规定由交通主管部门行使的行政处罚权和行政措施，可以依照本法第八条第四款的规定由公路管理机构行使。

第八十三条 阻碍公路建设或者公路抢修，致使公路建设或者抢修不能正常进行，尚未造成严重损失的，依照治安管理处罚条例第十九条的规定处罚。

损毁公路或者擅自移动公路标志，可能影响交通安全，尚不够刑事处罚的，依照治安管理处罚条例第二十条的规定处罚。

拒绝、阻碍公路监督检查人员依法执行职务未使用暴力、威胁方法的，依照治安管理处罚条例第十九条的规定处罚。

第八十四条 违反本法有关规定，构成犯罪的，依法追究刑事责任。

第八十五条 违反本法有关规定，对公路造成损害的,应当依法承担民事责任。

对公路造成较大损害的车辆,必须立即停车,保护现场,报告公路管理机构,接受公路管理机构的调查、处理后方得驶离。

第八十六条 交通主管部门、公路管理机构的工作人员玩忽职守、徇私舞弊、滥用职权,构成犯罪的,依法追究刑事责任;尚不构成犯罪的,依法给予行政处分。

第九章 附 则

第八十七条 本法自 1998 年 1 月 1 日起施行。

《中华人民共和国公路管理条例》

1987年10月13日国务院发布

国务院国发1987年第92号

第一章　总　　则

第一条　为加强公路的建设和管理，发挥公路在国民经济、国防和人民生活中的作用，适应社会主义现代化建设的需要，特制定本条例。

第二条　本条例适用于中华人民共和国境内的国家干线公路（以下简称国道），省自治区、直辖市干线公路（以下简称省道），县公路（以下简称县道），乡公路（以下简称乡道）。本条例对专用公路有规定的，适用于专用公路。

第三条　中华人民共和国交通部主管全国公路事业。

第四条　公路管理工作实行统一领导、分级管理原则。

国道、省道由省、自治区、直辖市公路主管部门负责修建、养护和管理。

国道中跨省、自治区、直辖市的高速公路，由交通部批准的专门机构负责修建、养护和管理。

县道由县（市）公路主管部门负责修建、养护和管理。

乡道由乡（镇）人民政府负责修建、养护和管理。

专用公路由专用单位负责修建、养护和管理。

第五条 公路、公路用地和公路设施受国家法律保护，任何单位和个人均不得侵占和破坏。

第二章 公路建设

第六条 公路发展规划应当以国民经济、国防建设和人民生活的需要为依据，并与铁路、水路、航空、管道运输的发展规划相协调，与城市建设发展规划相配合。

第七条 国道发展规划由交通部编制，报国务院审批。

省道发展规划由省、自治区、直辖市公路主管部门编制，报省、自治区、直辖市人民政府审批，并报交通部备案。

县道发展规划由地级市（或相当于地级市的机构）的公路主管部门编制，报省、自治区、直辖市人民政府或其派出机构审批。

乡道发展规划由县公路主管部门编制，报县人民政府审批。

专用公路的建设计划，由专用单位编制，报上级主管部门审批，并报当地公路主管部门备案。

第八条 国家鼓励专用于社会运输。专用公路主要用于社会运输时，经省、自治区、直辖市公路主管部门批准，可以改划为省道或者县道。

第九条 公路建设资金可以采取以下方式筹集：国家和地方投资、专用单位投资、中外合资、社会集资、贷款、车辆购置附加费和部分养路费。

公路建设还可以采取民建勤、民办公助和以工代赈的办法。

第十条 公路主管部门对利用集资、贷款修建的高速公路、一级公路、二级公路和大型的公路桥梁、隧道、轮渡码头，可以向过往车辆收取通行费，用于偿还集资和贷款。

通行费和征收办法，由交通部会同财政部门和国家物价局制定。

第十一条 公路建设用地，按照《中华人民共和国土地管理法》的规定办理。

第十二条 根据公路发展规划，确定新建公路或者扩宽原有公路路基、增建其他公路设施需要的土地，由当地人民政府纳人其土地利用总体规划。

第十三条 修建公路影响铁路、管道、水利、电利、邮电等设施正常使用时，建设单位应当事先征得有关部门的同意。

第十四条 公路主管部门负责对公路建设

工程的质量进行监督和检验。末按国家有关规定验收合格的公路,不得交付使用。

第十五条 修建公路,应当同时修建公路的防护、养护、环境保护等配套设施。公路建成后,应当按规定设置各种交通标志。

第三章 公路养护

第十六条 公路主管部门应当加强公路养护工作,保持公路完好、平整、畅通,提高公路的耐久性和抗灾能力。

进行公路维修应当规定修复期限。施工期间,应当采取措施,保证车辆通行。临时不能通行的,应当通过公安交通管理机关事先发布通告。

第十七条 公路养护实行专业养护与民工建勤养护相结合的制度。

民工建勤的用工、用车数额不得超过国家规定的标准。

第十八条 拥有车辆的单位和个人,必须按照国家规定,向公路养护部门缴纳养路费。

第十九条 养路费应当在国家规定的范围内专款专用。任何单位和个人不得平调、挪用、滥用、截留、拖欠养路费。

第二十条 公路交通遇严重灾害受阻时,当地县级以上人民政府应当立即动员和组织附近驻军、机关、团体、学校、企业事业单位、城乡居民协助公路主管部门限期修复。

第二十一条 因公路修建、养护需要,在空地、荒山、河流、滩涂取土采石,应当征得县(市)人民政府同意。

在上述地点取土采石不得影响附近建筑物和水利、电力、通讯设施以及农田水土保持。在县(市)人同政府核准的公路料场取土采石,任何单位和个人不得借故阻挠或者索取价款。

第二十二条 公路绿化工作,由公路主管部门统筹规划并组织实施。

公路绿化必须按照公路技术标准进行。

公路两侧林木不得任意砍伐,需要更新砍伐的,必须经公路主管部门批准。

第四章 路政管理

第二十三条 公路主管部门负责管理和保护公路、公路用地及公路设施,有权依法检查、制止、处理各种侵占、破坏公路、公路用地及公路设施的行为。

第二十四条 禁止在公路及公路用地上构筑设施、种植作物。禁止任意利用公路边沟进行灌溉或者排放污水。

第二十五条 在公路两侧开山、伐木、施工作业,不得危及公路及公路设施的安全。

第二十六条 不得在大型公路桥梁和公路渡口的上、下游各二百米范围内采挖沙石、修筑堤坝、倾倒拉圾、压缩或者扩宽河床、进行爆破作业。不得在公路隧道上方和洞口外一百米范围内任意取土、采石、伐木。

第二十七条 通过公路渡口的车辆和人员,必须遵守渡口管理规章。

第二十八条 末经公路主管部门批准,履带车和铁轮车不得在铺有路面的公路上行驶，超过桥梁限载标准的车辆、物件不得过桥。在特殊情况下，必须通过公路、桥梁时，应当采取有效的技术保护措施。

第二十九条 兴建铁路、机场、电站、水库、水渠，铺设管线或者进行其他建设工程，需要挖掘公路，挖掘、占用、利用公路用地及公路设施时，建设单位必须事先取得公路主管部门同意，影响车辆通行的，还须征得公安交通管理机关同意。工程完成后，建设单位应当按照原有技术标准，或者经协商按照规划标准修复或者改建公路。

第三十条 修建跨越公路的桥梁、渡槽、架设管线等，应当考虑公路的远景发展，符合公路的技术标准，并事先征得当地公路主管部门和公安交通管理机关同意。

第三十一条 在公路两侧修建永久性工程设施，其建筑物边缘与公路边沟外缘的间距为；国道不少于二十米，省道不少于十五米，县道不少于十米，乡道不少于五米。

第三十二条 在公路上设置交叉道口，必须经公路主管部门和公安交通管理机关批准。设计、修建交叉道口，必须符合国家规定的技术标准。

第三十三条 经省、自治区、直辖市人民政府批准，公路主管部门可以在必要的公路路口、桥头、渡口、隧道口设立收取车辆通行费的站卡及公路征费稽查站卡。

第五章 法律责任

第三十四条 对违反本条例规定的单位和个人，公路主管部门可以分别情况，责令其返还原物、恢复原状、赔偿损失、没收非法所得并处以罚款。

第三十五条 不按照国家规定缴纳养路费、通行费或者违反本条例养路费使用规定的，公路主管部门可以分别情况，责令其补交或者返还费款并处以罚款。

第三十六条 当事人对公路主管部门给予的处罚不服的,可以向上级公路主管部门提出申诉;对上级公路主管部门的处理决定不服的,可以在接到处理决定书之日起十五日内向人民法院起诉;期满不起诉又不履行的,公路主管部门可以申请人民法院强制执行。

第三十七条 公路管理人员违反本条例的,由公路主管部门给予行政处分或经济处罚。

第三十八条 违反本条例应当受治安管理处罚的,由公安机关处理;构成犯罪的,由司法机关依法追究刑事责任。

第六章 附 则

第三十九条 本条例下列用语的含义是:“公路”是指经公路主管部门验收认定的城间、城乡间、乡间能行驶汽车的公共道路。公路包括公路的路基、路面、桥梁、涵洞、隧道。“公路用地”是指公路两侧边沟(或者截水沟)及边沟(或者截水沟)以外不少于一米范围的土地。公路用地的具体范围由县级以上人民政府确定。“公路设施”是指公路的排水设备、防护构造物、交叉道口、界碑、测桩、安全设施、通讯设施、检测及监控设施、养护设施、渡口码头、花草林木、专用房屋等。

第四十条 本条例由交通部负责解释，交通部可以根据本条例制定实施细则。

第四十一条 本条例自1988年1月1日起施行。

中华人民共和国国务院令 第417号

《收费公路管理条例》已经2004年8月18日国务院第61次常务会议通过，现予公布，自2004年11月1日起施行。

总理　温家宝

2004年9月13日

第一章　总　　则

第一条　为了加强对收费公路的管理，规范公路收费行为，维护收费公路的经营管理者和使用者的合法权益，促进公路事业的发展，根据《中华人民共和国公路法》（以下简称公路法），制定本条例。

第二条　本条例所称收费公路，是指符合公路法和本条例规定，经批准依法收取车辆通行费的公路（含桥梁和隧道）。

第三条 各级人民政府应当采取积极措施，支持、促进公路事业的发展。公路发展应当坚持非收费公路为主，适当发展收费公路。

第四条 全部由政府投资或者社会组织、个人捐资建设的公路，不得收取车辆通行费。

第五条 任何单位或者个人不得违反公路法和本条例的规定，在公路上设站（卡）收取车辆通行费。

第六条 对在公路上非法设立收费站（卡）收取车辆通行费的，任何单位和个人都有权拒绝交纳。

任何单位或者个人对在公路上非法设立收费站（卡）、非法收取或者使用车辆通行费、非法转让收费公路权益或者非法延长收费期限等行为，都有权向交通、价格、财政等部门举报。收到举报的部门应当按照职责分工依法及时查处；无权查处的，应当及时移送有权查处的部门。受理的部门必须自收到举报或者移送材料之日起10日内进行查处。

第七条 收费公路的经营管理者,经依法批准有权向通行收费公路的车辆收取车辆通行费。

军队车辆、武警部队车辆,公安机关在辖区内收费公路上处理交通事故、执行正常巡逻任务和处置突发事件的统一标志的制式警车,以及经国务院交通主管部门或者省、自治区、直辖市人民政府批准执行抢险救灾任务的车辆,免交车辆通行费。

进行跨区作业的联合收割机、运输联合收割机(包括插秧机)的车辆,免交车辆通行费。联合收割机不得在高速公路上通行。

第八条 任何单位或者个人不得以任何形式非法干预收费公路的经营管理,挤占、挪用收费公路经营管理者依法收取的车辆通行费。

第二章 收费公路建设和收费站的设置

第九条 建设收费公路,应当符合国家和省、自治区、直辖市公路发展规划,符合本条例规定的收费公路的技术等级和规模。

第十条 县级以上地方人民政府交通主管部门利用贷款或者向企业、个人有偿集资建设的公路(以下简称政府还贷公路),国内外经济组织投资建设或者依照公路法的规定受让政府还贷公路收费权的公路(以下简称经营性公路),经依法批准后,方可收取车辆通行费。

第十一条 建设和管理政府还贷公路,应当按照政事分开的原则,依法设立专门的不以营利为目的的法人组织。

省、自治区、直辖市人民政府交通主管部门对本行政区域内的政府还贷公路,可以实行统一管理、统一贷款、统一还款。

经营性公路建设项目应当向社会公布,采用招标投标方式选择投资者。

经营性公路由依法成立的公路企业法人建设、经营和管理。

第十二条 收费公路收费站的设置,由省、自治区、直辖市人民政府按照下列规定审查批准:

（一）高速公路以及其他封闭式的收费公路，除两端出入口外，不得在主线上设置收费站。但是，省、自治区、直辖市之间确需设置收费站的除外。

（二）非封闭式的收费公路的同一主线上，相邻收费站的间距不得少于50公里。

第十三条 高速公路以及其他封闭式的收费公路，应当实行计算机联网收费，减少收费站点，提高通行效率。联网收费的具体办法由国务院交通主管部门会同国务院有关部门制定。

第十四条 收费公路的收费期限，由省、自治区、直辖市人民政府按照下列标准审查批准：

（一）政府还贷公路的收费期限，按照用收费偿还贷款、偿还有偿集资款的原则确定，最长不得超过15年。国家确定的中西部省、自治区、直辖市的政府还贷公路收费期限，最长不得超过20年。

（二）经营性公路的收费期限，按照收回投资并有合理回报的原则确定，最长不得超过25年。

国家确定的中西部省、自治区、直辖市的经营性公路收费期限，最长不得超过30年。

第十五条 车辆通行费的收费标准，应当依照价格法律、行政法规的规定进行听证，并按照下列程序审查批准：

（一）政府还贷公路的收费标准，由省、自治区、直辖市人民政府交通主管部门会同同级价格主管部门、财政部门审核后，报本级人民政府审查批准。

（二）经营性公路的收费标准，由省、自治区、直辖市人民政府交通主管部门会同同级价格主管部门审核后，报本级人民政府审查批准。

第十六条 车辆通行费的收费标准，应当根据公路的技术等级、投资总额、当地物价指数、偿还贷款或者有偿集资款的期限和收回投资的期限以及交通量等因素计算确定。对在国家规定的绿色通道上运输鲜活农产品的车辆，可以适当降低车辆通行费的收费标准或者免交车辆通行费。

修建与收费公路经营管理无关的设施、超标准修建的收费公路经营管理设施和服务设施，其费用不得作为确定收费标准的因素。

车辆通行费的收费标准需要调整的，应当依照本条例第十五条规定的程序办理。

第十七条 依照本条例规定的程序审查批准的收费公路收费站、收费期限、车辆通行费收费标准或者收费标准的调整方案，审批机关应当自审查批准之日起10日内将有关文件向国务院交通主管部门和国务院价格主管部门备案；其中属于政府还贷公路的，还应当自审查批准之日起10日内向国务院财政部门备案。

第十八条 建设收费公路，应当符合下列技术等级和规模：

（一）高速公路连续里程30公里以上。但是，城市市区至本地机场的高速公路除外。

（二）一级公路连续里程50公里以上。

（三）二车道的独立桥梁、隧道，长度800米以上；四车道的独立桥梁、隧道，长度500米以上。

技术等级为二级以下（含二级）的公路不得收费。但是，在国家确定的中西部省、自治区、直辖市建设的二级公路，其连续里程60公里以上的，经依法批准，可以收取车辆通行费。

第三章　收费公路权益的转让

第十九条　依照本条例的规定转让收费公路权益的，应当向社会公布，采用招标投标的方式，公平、公正、公开地选择经营管理者，并依法订立转让协议。

第二十条　收费公路的权益，包括收费权、广告经营权、服务设施经营权。

转让收费公路权益的，应当依法保护投资者的合法利益。

第二十一条　转让政府还贷公路权益中的收费权，可以申请延长收费期限，但延长的期限不得超过5年。

转让经营性公路权益中的收费权，不得延长

收费期限。

第二十二条 有下列情形之一的，收费公路权益中的收费权不得转让：

（一）长度小于1000米的二车道独立桥梁和隧道。

（二）二级公路。

（三）收费时间已超过批准收费期限2/3。

第二十三条 转让政府还贷公路权益的收入，必须缴入国库，除用于偿还贷款和有偿集资款外，必须用于公路建设。

第二十四条 收费公路权益转让的具体办法，由国务院交通主管部门会同国务院发展改革部门和财政部门制定。

第四章 收费公路的经营管理

第二十五条 收费公路建成后，应当按照国家有关规定进行验收；验收合格的，方可收取车辆通行费。

收费公路不得边建设边收费。

第二十六条 收费公路经营管理者应当按照国家规定的标准和规范，对收费公路及沿线设施进行日常检查、维护，保证收费公路处于良好的技术状态，为通行车辆及人员提供优质服务。

收费公路的养护应当严格按照工期施工、竣工，不得拖延工期，不得影响车辆安全通行。

第二十七条 收费公路经营管理者应当在收费站的显著位置，设置载有收费站名称、审批机关、收费单位、收费标准、收费起止年限和监督电话等内容的公告牌，接受社会监督。

第二十八条 收费公路经营管理者应当按照国家规定的标准，结合公路交通状况、沿线设施等情况，设置交通标志、标线。

交通标志、标线必须清晰、准确、易于识别。重要的通行信息应当重复提示。

第二十九条 收费道口的设置，应当符合车辆行驶安全的要求；收费道口的数量，应当符合车辆快速通过的需要，不得造成车辆堵塞。

第三十条 收费站工作人员的配备，应当与收费道口的数量、车流量相适应，不得随意增加人员。

收费公路经营管理者应当加强对收费站工作人员的业务培训和职业道德教育，收费人员应当做到文明礼貌，规范服务。

第三十一条 遇有公路损坏、施工或者发生交通事故等影响车辆正常安全行驶的情形时，收费公路经营管理者应当在现场设置安全防护设施，并在收费公路出入口进行限速、警示提示，或者利用收费公路沿线可变信息板等设施予以公告；造成交通堵塞时，应当及时报告有关部门并协助疏导交通。

遇有公路严重损毁、恶劣气象条件或者重大交通事故等严重影响车辆安全通行的情形时，公安机关应当根据情况，依法采取限速通行、关闭公路等交通管制措施。收费公路经营管理者应当积极配合公安机关，及时将有关交通管制的信息向通行车辆进行提示。

第三十二条 收费公路经营管理者收取车

辆通行费，必须向收费公路使用者开具收费票据。政府还贷公路的收费票据，由省、自治区、直辖市人民政府财政部门统一印(监)制。经营性公路的收费票据，由省、自治区、直辖市人民政府税务部门统一印(监)制。

第三十三条 收费公路经营管理者对依法应当交纳而拒交、逃交、少交车辆通行费的车辆，有权拒绝其通行，并要求其补交应交纳的车辆通行费。

任何人不得为拒交、逃交、少交车辆通行费而故意堵塞收费道口、强行冲卡、殴打收费公路管理人员、破坏收费设施或者从事其他扰乱收费公路经营管理秩序的活动。

发生前款规定的扰乱收费公路经营管理秩序行为时，收费公路经营管理者应当及时报告公安机关，由公安机关依法予以处理。

第三十四条 在收费公路上行驶的车辆不得超载。

发现车辆超载时，收费公路经营管理者应当

及时报告公安机关，由公安机关依法予以处理。

第三十五条 收费公路经营管理者，不得有下列行为：

（一）擅自提高车辆通行费收费标准。

（二）在车辆通行费收费标准之外加收或者代收任何其他费用。

（三）强行收取或者以其他不正当手段按车辆收取某一期间的车辆通行费。

（四）不开具收费票据，开具未经省、自治区、直辖市人民政府财政、税务部门统一印（监）制的收费票据或者开具已经过期失效的收费票据。

有前款所列行为之一的，通行车辆有权拒绝交纳车辆通行费。

第三十六条 政府还贷公路的管理者收取的车辆通行费收入，应当全部存入财政专户，严格实行收支两条线管理。

政府还贷公路的车辆通行费，除必要的管理、养护费用从财政部门批准的车辆通行费预算中列支外，必须全部用于偿还贷款和有偿集资款，不得挪作他用。

第三十七条 收费公路的收费期限届满，必须终止收费。

政府还贷公路在批准的收费期限届满前已经还清贷款、还清有偿集资款的，必须终止收费。

依照本条前两款的规定，收费公路终止收费的，有关省、自治区、直辖市人民政府应当向社会公告，明确规定终止收费的日期，接受社会监督。

第三十八条 收费公路终止收费前6个月，省、自治区、直辖市人民政府交通主管部门应当对收费公路进行鉴定和验收。经鉴定和验收，公路符合取得收费公路权益时核定的技术等级和标准的，收费公路经营管理者方可按照国家有关规定向交通主管部门办理公路移交手续；不符合取得收费公路权益时核定的技术等级和标准的，收费公路经营管理者应当在交通主管部门确定的期限内进行养护，达到要求后，方可按照规定办理公路移交手续。

第三十九条 收费公路终止收费后，收费公路经营管理者应当自终止收费之日起15日内拆除收费设施。

第四十条 任何单位或者个人不得通过封堵非收费公路或者在非收费公路上设卡收费等方式,强迫车辆通行收费公路。

第四十一条 收费公路经营管理者应当按照国务院交通主管部门和省、自治区、直辖市人民政府交通主管部门的要求,及时提供统计资料和有关情况。

第四十二条 收费公路的养护、绿化和公路用地范围内的水土保持及路政管理,依照公路法的有关规定执行。

第四十三条 国务院交通主管部门和省、自治区、直辖市人民政府交通主管部门应当对收费公路实施监督检查,督促收费公路经营管理者依法履行公路养护、绿化和公路用地范围内的水土保持义务。

第四十四条 审计机关应当依法加强收费公路的审计监督,对违法行为依法进行查处。

第四十五条 行政执法机关依法对收费公路实施监督检查时,不得向收费公路经营管理者收取任何费用。

第四十六条 省、自治区、直辖市人民政府应当将本行政区域内收费公路及收费站名称、收费单位、收费标准、收费期限等信息向社会公布,接受社会监督。

第五章 法 律 责 任

第四十七条 违反本条例的规定,擅自批准收费公路建设、收费站、收费期限、车辆通行费收费标准或者收费公路权益转让的,由省、自治区、直辖市人民政府责令改正;对负有责任的主管人员和其他直接责任人员依法给予记大过直至开除的行政处分;构成犯罪的,依法追究刑事责任。

第四十八条 违反本条例的规定,地方人民政府或者有关部门及其工作人员非法干预收费公路经营管理,或者挤占、挪用收费公路经营管理者收取的车辆通行费的,由上级人民政府或者有关部门责令停止非法干预，退回挤占、挪用的车辆通行费；对负有责任的主管人员和其他直接责任人员依法给予记大过直至开除的行政处分；构成犯罪的，依法追究刑事责任。

第四十九条 违反本条例的规定，擅自在公路上设立收费站（卡）收取车辆通行费或者应当终止收费而不终止的，由国务院交通主管部门或者省、自治区、直辖市人民政府交通主管部门依据职权，责令改正，强制拆除收费设施；有违法所得的，没收违法所得，并处违法所得 2 倍以上 5 倍以下的罚款；没有违法所得的，处 1 万元以上 5 万元以下的罚款；负有责任的主管人员和其他直接责任人员属于国家工作人员的，依法给予记大过直至开除的行政处分。

第五十条 违反本条例的规定，有下列情形之一的，由国务院交通主管部门或者省、自治区、直辖市人民政府交通主管部门依据职权，责令改正，并根据情节轻重，处 5 万元以上 20 万元以下的罚款：

(一)收费站的设置不符合标准或者擅自变更收费站位置的。

(二)未按照国家规定的标准和规范对收费公路及沿线设施进行日常检查、维护的。

(三)未按照国家有关规定合理设置交通标志、标线的。

(四)道口设置不符合车辆行驶安全要求或者道口数量不符合车辆快速通过需要的。

(五)遇有公路损坏、施工或者发生交通事故等影响车辆正常安全行驶的情形,未按照规定设置安全防护设施或者未进行提示、公告,或者遇有交通堵塞不及时疏导交通的。

(六)应当公布有关限速通行或者关闭收费公路的信息而未及时公布的。

第五十一条 违反本条例的规定,收费公路经营管理者收费时不开具票据,开具未经省、自治区、直辖市人民政府财政、税务部门统一印(监)制的票据,或者开具已经过期失效的票据的,由财政部门或者税务部门责令改正,并根据情节轻重，处10万元以上50万元以下的罚款；负有责任的主管人员和其他直接责任人员属于国家工作人员的，依法给予记大过直至开除的行政处分；构成犯罪的，依法追究刑事责任。

第五十二条 违反本条例的规定，政府还贷公路的管理者未将车辆通行费足额存入财政专户或者未将转让政府还贷公路权益的收入全额缴入国库的，由财政部门予以追缴、补齐；对负有责任的主管人员和其他直接责任人员，依法给予记过直至开除的行政处分。

违反本条例的规定，财政部门未将政府还贷公路的车辆通行费或者转让政府还贷公路权益的收入用于偿还贷款、偿还有偿集资款，或者将车辆通行费、转让政府还贷公路权益的收入挪作他用的，由本级人民政府责令偿还贷款、偿还有偿集资款，或者责令退还挪用的车辆通行费和转让政府还贷公路权益的收入；对负有责任的主管人员和其他直接责任人员，依法给予记过直至开除的行政处分；构成犯罪的，依法追究刑事责任。

第五十三条 违反本条例的规定，收费公路终止收费后，收费公路经营管理者不及时拆除收费设施的，由省、自治区、直辖市人民政府交通主管部门责令限期拆除；逾期不拆除的，强制拆除，拆除费用由原收费公路经营管理者承担。

第五十四条 违反本条例的规定，收费公路经营管理者未按照国务院交通主管部门规定的技术规范和操作规程进行收费公路养护的，由省、自治区、直辖市人民政府交通主管部门责令改正；拒不改正的，责令停止收费。责令停止收费后30日内仍未履行公路养护义务的，由省、自治区、直辖市人民政府交通主管部门指定其他单位进行养护，养护费用由原收费公路经营管理者承担。拒不承担的，由省、自治区、直辖市人民政府交通主管部门申请人民法院强制执行。

第五十五条 违反本条例的规定，收费公路经营管理者未履行公路绿化和水土保持义务的，由省、自治区、直辖市人民政府交通主管部门责令改正，并可以对原收费公路经营管理者，处履行绿化、水土保持义务所需费用1～2倍的罚款。

第五十六条 国务院价格主管部门或者县级以上地方人民政府价格主管部门对违反本条例的价格违法行为，应当依据价格管理的法律、法规和规章的规定予以处罚。

第五十七条 违反本条例的规定，为拒交、逃交、少交车辆通行费而故意堵塞收费道口、强行冲卡、殴打收费公路管理人员、破坏收费设施或者从事其他扰乱收费公路经营管理秩序活动，构成违反治安管理行为的，由公安机关依法予以处罚；构成犯罪的，依法追究刑事责任；给收费公路经营管理者造成损失或者造成人身损害的，依法承担民事赔偿责任。

第五十八条 违反本条例的规定，假冒军队车辆、武警部队车辆、公安机关统一标志的制式警车和抢险救灾车辆逃交车辆通行费的，由有关机关依法予以处理。

第六章　附　　则

第五十九条　本条例施行前在建的和已投入运行的收费公路，由国务院交通主管部门会同国务院发展改革部门和财政部门依照本条例规定的原则进行规范。具体办法由国务院交通主管部门制定。

第六十条　本条例自2004年11月1日起施行。

《人民日报》2004年09月27日 第六版

本报北京9月25日讯 第417号国务院令公布了《收费公路管理条例》(以下简称《条例》)，将于2004年11月1日起施行。本报记者25日就条例的有关情况采访了国务院法制办公室和交通部的有关负责同志。

问:为什么要制定《收费公路管理条例》?

答:收费公路，就是指依法在公路上设站收费的公路。根据公路法的规定，收费公路包括两类:一类是政府还贷公路，即县级以上地方人民政府交通主管部门利用贷款或者向企业、个人集资建成的公路；另一类是经营性公路，即国内外经济组织依法投资建成的公路和依法受让的政府还贷公路收费权的公路。到2003年底，全国收费公路总里程约占全国公路总里程的8.1%。这些收费公路均为高等级公路和特大桥梁隧道。收费公路的快速发展，对促进国民经济和社会发展起到了重要作用。收费公路的发展也是我国公路建设与管理的成功实践。但是，在发展中也出现了一些不容忽视的问题：一是收费站点设置不尽合理，站点过多，影响了通行效率；二是收费标准较高，有些地方甚至超过社会承受能力，增加了企业运输成本；三是一些收费站到期不撤，擅自延长收费期限，加重了社会负担；四是公路收费权益转让不规范，存在着越权审批转让的问题，有的转让未依法进行资产评估，致使国有资产流失。因此，制定《条例》，通过法律手段对收费公路经营管理者的行为加强监管和规范，是十分必要的。

问:2003 年 11 月 27 日,国务院法制办、交通部将《条例》草案在人民日报、法制日报、国务院法制办的信息网和交通部网站上全文公布,公开向社会征求意见。请问征求意见的社会反响怎样?

答:2003 年 11 月 26 日,国务院第 30 次常务会议对《条例》草案进行了审议,鉴于收费公路立法与广大人民群众利益密切相关,决定将《条例》草案登报、上网,公开向社会征求意见。根据国务院领导的指示,国务院法制办、交通部具体负责意见的征集、整理工作。截止去年底,我们共收到汇总意见 104 份,439 条。各方面普遍认为,通过立法规范收费公路经营管理活动,减少收费站点,减轻社会负担,维护广大人民群众的合法权益,促进收费公路健康发展,是十分必要和迫切的,是利国利民的好事。同时,各方面对公开征求意见的方式给予了高度评价,认为在政府立法工作中公开征求意见是政府与社会公众建立沟通的有效途径,是党和政府执政为民的具体体现,有利于立法广泛集中民智、充分反映民意,促进政府决策的科学化、民主化。根据国务院常务会议精神和公开征求意见的情况,国务院法制办会同交通部对有关问题又进行了认真研究,并对《条例》草案作了相应修改。例如,鉴于社会各方面对目前一些地方免交通行费车辆范围过大、数量过多的问题反映强烈,《条例》进一步明确了免交通行费车辆的具体范围,同时完善了收费公路信息公开、收费公路收费期满撤站等制度。

问:今后我国收费公路的发展原则是什么?

答:《条例》第三条规定:公路发展应当坚持非收费公路为主,适当发展收费公路,其具体含义有两个:一是在公路网的构成中,非收费公路应当占主导地位,收费公路只是一种补充。二是收费公路的数量应当适度。收费公路的发展速度和数量应当限制在适当的范围之内。之所以作出这一规定,主要是基于以下考虑:

第一,公路是公益性设施,从理论上讲,应当全部由政府无偿提供。改革开放以来,我国经济和社会各项事业的高速发展，对公路交通形成了巨大需求，公路交通一度成为制约国民经济发展的“瓶颈”。但是由于我国政府的财力还不够雄厚，难以满足公路建设所需的巨大资金需求。在这种情况下，为了多渠道筹集公路建设资金，加快公路建设速度，缓解公路交通的“瓶颈”制约作用，我国政府出台了“贷款修路，收费还贷”政策。这只是政府在财力不足、公路建设压力巨大的情况下采取的特定政策。随着我国政府财政实力的逐步增强，公路网渐趋完善，对收费公路的发展规模进行控制，实行以非收费公路为主，适当发展收费公路的政策就顺理成章了。

第二，从公路的自身特点看，公路是公共物品，具有很强的公益性。这种特点决定了它的发展只能是以非收费公路为主体，收费公路为补充。如果任意扩大收费公路的范围，会影响其社会效益的发挥，不仅不利于使收费公路健康发展，也不利于其他公路的健康发展，而且还会给社会经济的发展带来巨大的制约作用。

公路发展应当坚持非收费公路为主，适当发展收费公路，这是制定本《条例》的重要指导思想，也是本《条例》的精髓所在。根据这一指导思想，本《条例》对收费公路的技术等级和规模、收费公路收费站点的设置、收费公路的收费标准、收费公路的收费期限、收费公路权益的转让、收费公路车辆通行费的征收范围、车辆通行费的使用管理等，都作了严格限定。

问：关于收费公路建设和收费站的设置，《条例》规定了哪些制度、措施？

答：收费公路建设和收费站的设置，是收费公路管理中亟需规范的突出问题，直接关系收费公路经营管理者和使用者的合法权益。据此，《条例》对收费公路的建设和收费站的设置规定了以下制度和措施：一是明确规定建设收费公路，应当符合国家和省、自治区、直辖市公路发展规划。二是明确了收费站设置必须经省、自治区、直辖市人民政府审查批准，审批的标准是：高速公路以及其他封闭式的收费公路，除两端出入口外，一般不得在主线上设置收费站，非封闭式的收费公路的同一主线上，相邻收费站的间距不得少于50公里。三是为了减少收费站点，提高通行效率，《条例》规定高速公路以及其他封闭式的收费公路应当实行计算机联网收费。四是明确了收费期限必须经省、自治区、直辖市人民政府审查批准，审批的标准是：政府还贷公路的收费期限最长不得超过15年，中西部省、自治区、直辖市最长不得超过20年；经营性公路的收费期限最长不得超过25年，中西部省、自治区、直辖市最长不得超过30年。五是明确了车辆通行费的收费标准应当依照价格法律、行政法规的规定进行听证后由省、自治区、直辖市人民政府审查批准，收费标准应当根据公路的技术等级、投资总额、当地物价指数、偿还贷款或者有偿集资款的期限和收回投资的期限以及交通量等因素计算确定。六是明确了建设收费公路的技术等级和规模：高速公路除市区至机场外连续里程30公里以上；一级公路连续里程50公里以上；二车道的独立桥梁、隧道，长度 800 米以上；四车道的独立桥梁、隧道，长度 500 米以上。《条例》还规定，除中西部地区外，技术等级为二级以下（含二级）的公路不得收费。

问：为了解决目前收费公路权益转让过程中出现的问题，《条例》作了哪些规定？

答：为了避免收费公路权益转让过程中出现信息不透明、行为不规范以及损害有关当事人权益的问题，《条例》规定了五项措施：一是规定转让收费公路权益应当向社会公布，采用招标投标的方式选择经营管理者；二是规定转让收费公路权益应当依法保护投资者的合法利益；三是规定转让政府还贷公路权益中的收费权，其延长的期限不得超过 5 年，转让经营性公路权益中的收费权，收费期限不得延长；四是规定长度小于 1 000 米的二车道独立桥梁和隧道、二级公路、收费时间已超过批准收费期限 2/3 的收费公路禁止转让；五是明确了政府还贷公路转让收入的管理和使用。

问:《条例》对收费公路的经营管理提出了哪些要求?

答:收费公路的经营管理,关系到用路人、投资人、银行等各方权益的保护,为了规范收费公路经营管理者的经营行为,《条例》作了如下规定:一是规定收费公路建成后须经验收合格,方可收取车辆通行费,不得边建设边收费;二是要求收费公路的经营管理者按照国家规定的标准和规范,对收费公路进行日常检查和维护,保证公路处于良好的技术状态,为通行车辆及人员提供优质服务;三是要求收费公路经营管理者设置公告牌,公布收费的有关事项,接受社会监督;四是规定收费道口的设置应当符合车辆行驶安全的要求,道口的数量应当符合车辆快速通过的需要,收费站工作人员的配备应当与道口的数量、车流量相适应,不得随意增加人员;五是规定了保证行车安全的措施;六是要求收费公路经营管理者向收费公路使用者出具合法票据,不得擅自提高收费标准,不得在标准之外加收或者代收任何其他费用，不得强行收取或者以其他不正当手段收取某一期间的车辆通行费；七是规定政府还贷公路收取的车辆通行费必须全部存入财政专户，严格实行收支两条线管理，不得挪作他用；八是规定收费公路的收费期限届满，政府还贷公路在收费期限届满前已还清贷款、集资款的，必须终止收费并由政府进行公告；九是规定了审计机关、行政执法机关对收费公路实施审计和监督检查制度，以及要求收费公路信息公开，接受社会监督的制度。

问：《条例》对强化政府监管，保证收费公路服务水平方面作了哪些规定？

答：近年来，公路建设投资主体的多元化，带来了收费公路经营管理主体的多元化。一些地方出现了收费公路政府监管不到位，路况质量差、服务水平低的不正常现象。一些收费公路经营管理者重收费轻养护，不能保证收费公路的服务水平，社会反响强烈。为此，《条例》规定：一是省级人民政府交通主管部门应当对收费公路实施监督检查，督促收费公路经营管理者依法履行公路养护、绿化等义务；二是对收费公路经营管理者未按照国务院交通主管部门规定的技术规范和操作规程进行收费公路养护的，由省、自治区、直辖市人民政府交通主管部门责令改正；拒不改正的，责令停止收费；三是收费公路经营管理者出现未按国家规定的标准和规范对收费公路及其设施进行日常检查和维护的，未按国家规定合理设置交通标志、标线的，以及收费道口设置不符合安全要求或道口数量不符合车辆快速通过需要的等情形的，国务院交通主管部门或者省级交通主管部门依据职权责令改正，并根据情节轻重，给予必要的处罚。这些规定，明确了政府对收费公路实施监管的责任主体和处罚措施，对于加强政府对收费公路的监管，维护社会公众利益具有重要意义。

中华人民共和国交通部令

2003 年第 2 号

路政管理规定

《路政管理规定》已于 2002 年 11 月 26 日经第 12 次部务会议通过，现予公布，自 2003 年 4 月 1 日起施行。

部长 张春贤

二〇〇三年一月二十七日

路政管理规定

第一章 总 则

第一条 为加强公路管理，提高路政管理水平，保障公路的完好、安全和畅通，根据《中华人民共和国公路法》（以下简称《公路法》）及其他有关法律、行政法规，制定本规定。

第二条 本规定适用于中华人民共和国境内的国道、省道、县道、乡道的路政管理。

本规定所称路政管理，是指县级以上人民政府交通主管部门或者其设置的公路管理机构，为维护公路管理者、经营者、使用者的合法权益，根据《公路法》及其他有关法律、法规和规章的规定，实施保护公路、公路用地及公路附属设施（以下统称“路产”）的行政管理。

第三条 路政管理工作应当遵循“统一管理、分级负责、依法行政”的原则。

第四条 交通部根据《公路法》及其他有关法律、行政法规的规定主管全国路政管理工作。

县级以上地方人民政府交通主管部门根据《公路法》及其他有关法律、法规、规章的规定主管本行政区域内路政管理工作。

县级以上地方人民政府交通主管部门设置

的公路管理机构根据《公路法》的规定或者根据县级以上地方人民政府交通主管部门的委托负责路政管理的具体工作。

第五条 县级以上地方人民政府交通主管部门或者其设置的公路管理机构的路政管理职责如下：

（一）宣传、贯彻执行公路管理的法律、法规和规章；

（二）保护路产；

（三）实施路政巡查；

（四）管理公路两侧建筑控制区；

（五）维持公路养护作业现场秩序；

（六）参与公路工程交工、竣工验收；

（七）依法查处各种违反路政管理法律、法规、规章的案件；

（八）法律、法规规定的其他职责。

第六条 依照《公路法》的有关规定，受让公路收费权或者由国内外经济组织投资建成的收费公路的路政管理工作，由县级以上地方人民政府交通主管部门或者其设置的公路管理机构的派出机构、人员负责。

第七条 任何单位和个人不得破坏、损坏或者非法占用路产。

任何单位和个人都有爱护路产的义务，有检举破坏、损坏路产和影响公路安全行为的权利。

第二章 路政管理许可

第八条 除公路防护、养护外，占用、利用或者挖掘公路、公路用地、公路两侧建筑控制区，以及更新、砍伐公路用地上的树木，应当根据《公路法》和本规定，事先报经交通主管部门或者其设置的公路管理机构批准、同意。

第九条 因修建铁路、机场、电站、通信设施、水利工程和进行其他建设工程需要占用、挖掘公路或者使公路改线的，建设单位应当按照《公路法》第四十四条第二款的规定，事先向交通主管部门或者其设置的公路管理机构提交申请书和设计图。

本条前款规定的申请书包括以下主要内容：

（一）主要理由；

（二）地点（公路名称、桩号及与公路边坡外缘或者公路界桩的距离）；

（三）安全保障措施；

（四）施工期限；

（五）修复、改建公路的措施或者补偿数额。

第十条 跨越、穿越公路，修建桥梁、渡槽或者架设、埋设管线等设施，以及在公路用地范围内架设、埋设管（杆）线、电缆等设施，应当按照《公路法》第四十五条的规定，事先向交通主管部门或者其设置的公路管理机构提交申请书和设计图。

本条前款规定的申请书包括以下主要内容：

（一）主要理由；

（二）地点（公路名称、桩号及与公路边坡外缘或者公路界桩的距离）；

（三）安全保障措施；

（四）施工期限；

（五）修复、改建公路的措施或者补偿数额。

第十一条　因抢险、防汛需要在大中型公路桥梁和渡口周围二百米范围内修筑堤坝、压缩或者拓宽河床，应当按照《公路法》第四十七条第二款的规定，事先向交通主管部门提交申请书和设计图。

本条前款规定的申请书包括以下主要内容：

（一）主要理由；

（二）地点（公路名称、桩号及与公路边坡外缘或者公路界桩的距离）；

（三）安全保障措施；

（四）施工期限。

第十二条　铁轮车、履带车和其他可能损害公路路面的机具需要在公路上行驶的，应当按照《公路法》第四十八条的规定，事先向交通主管部门或者其设置的公路管理机构提交申请书和车辆或者机具的行驶证件。

本条前款规定的申请书包括以下主要内容：

（一）主要理由；

（二）行驶路线及时间；

（三）行驶采取的防护措施；

（四）补偿数额。

第十三条 超过公路、公路桥梁、公路隧道或者汽车渡船的限载、限高、限宽、限长标准的车辆，确需在公路上行驶的，按照《公路法》第五十条和交通部制定的《超限运输车辆行驶公路管理规定》的规定办理。

第十四条 在公路用地范围内设置公路标志以外的其他标志，应当按照《公路法》第五十四条的规定，事先向交通主管部门或者其设置的公路管理机构提交申请书和设计图。

本条前款规定的申请书包括以下主要内容：

（一）主要理由；

（二）标志的内容；

（三）标志的颜色、外廓尺寸及结构；

（四）标志设置地点（公路名称、桩号）；

（五）标志设置时间及保持期限。

第十五条 在公路上增设平面交叉道口，应当按照《公路法》第五十五条的规定，事先向交通主管部门或者其设置的公路管理机构提交申请书和设计图或者平面布置图。

本条前款规定的申请书包括以下主要内容：

（一）主要理由；

（二）地点（公路名称、桩号）；

（三）施工期限；

（四）安全保障措施。

第十六条 在公路两侧的建筑控制区内埋设管（杆）线、电缆等设施，应当按照《公路法》第五十六条第一款的规定，事先向交通主管部门或者其设置的公路管理机构提交申请书和设计图。

本条前款规定的申请书包括以下主要内容：

（一）主要理由；

（二）地点（公路名称、桩号及与公路边坡外缘或公路界桩的距离）；

（三）安全保障措施；

（四）施工期限。

第十七条 更新砍伐公路用地上的树木,应当依照《公路法》第四十二条第二款的规定,事先向交通主管部门或者其设置的公路管理机构提交申请书。

本条前款规定的申请书包括以下主要内容:

(一)主要理由;

(二)地点(公路名称、桩号);

(三)树木的种类和数量;

(四)安全保障措施;

(五)时间;

(六)补种措施。

第十八条 除省级人民政府根据《公路法》第八条第二款就国道、省道管理、监督职责作出决定外,路政管理许可的权限如下:

(一)属于国道、省道的,由省级人民政府交通主管部门或者其设置的公路管理机构办理;

(二)属于县道的,由市(设区的市)级人民政府交通主管部门或者其设置的公路管理机构办理;

（三）属于乡道的，由县级人民政府交通主管部门或者其设置的公路管理机构办理。

路政管理许可事项涉及有关部门职责的，应当经交通主管部门或者其设置的公路管理机构批准或者同意后，依照有关法律、法规的规定，办理相关手续。其中，本规定第十一条规定的事项，由省级人民政府交通主管部门会同省级水行政主管部门办理。

第十九条　交通主管部门或者其设置的公路管理机构自接到申请书之日起 15 日内应当作出决定。作出批准或者同意的决定的，应当签发相应的许可证；作出不批准或者不同意的决定的，应当书面告知，并说明理由。

第三章　路政案件管辖

第二十条　路政案件由案件发生地的县级人民政府交通主管部门或者其设置的公路管理机构管辖。

第二十一条　对管辖发生争议的，报请共同的上一级人民政府交通主管部门或者其设置的公路管理机构指定管辖。

下级人民政府交通主管部门或者其设置的公路管理机构对属于其管辖的案件，认为需要由上级人民政府交通主管部门或者其设置的公路管理机构处理的，可以报请上一级人民政府交通主管部门或者其设置的公路管理机构决定。

上一级人民政府交通主管部门或者其设置的公路管理机构认为必要的，可以直接处理属于下级人民政府交通主管部门或者其设置的公路管理机构管辖的案件。

第二十二条 报请上级人民政府交通主管部门或者其设置的公路管理机构处理的案件以及上级人民政府交通主管部门或者其设置的公路管理机构决定直接处理的案件，案件发生地的县级人民政府交通主管部门或者其设置的公路管理机构应当首先制止违法行为，并做好保护现场等工作，上级人民政府交通主管部门或者其设置的公路管理机构应当及时确定管辖权。

第四章　行政处罚

第二十三条　有下列违法行为之一的，依照《公路法》第七十六条的规定，责令停止违法行为，可处三万元以下的罚款：

（一）违反《公路法》第四十四条第一款规定，擅自占用、挖掘公路的；

（二）违反《公路法》第四十五条规定，未经同意或者未按照公路工程技术标准的要求修建跨越、穿越公路的桥梁、渡槽或者架设、埋设管线、电缆等设施的；

（三）违反《公路法》第四十七条规定，未经批准从事危及公路安全作业的；

（四）违反《公路法》第四十八条规定，铁轮车、履带车和其他可能损害路面的机具擅自在公路上超限行驶的；

（五）违反《公路法》第五十条规定，车辆超限使用汽车渡船或者在公路上擅自超限行驶的；

（六）违反《公路法》第五十二条、第五十六规定，损坏、移动、涂改公路附属设施或者损坏、挪动建筑控制区的标桩、界桩，可能危及公路安全的。

第二十四条 有下列违法行为之一的，依照《公路法》第七十七条的规定，责令停止违法行为，可处五千元以下罚款：

（一）违反《公路法》第四十六条规定，造成公路路面损坏、污染或者影响公路畅通的；

（二）违反《公路法》第五十一条规定，将公路作为检验机动车辆制动性能的试车场地的。

第二十五条 违反《公路法》第五十三条规定，造成公路损坏，未报告的，依照《公路法》第七十八条的规定，处以一千元以下罚款。

第二十六条 违反《公路法》第五十四条规定，在公路用地范围内设置公路标志以外的其他标志的，依照《公路法》第七十九条的规定，责令限期拆除，可处二万元以下罚款。

第二十七条 违反《公路法》第五十五条规

定，未经批准在公路上设置平面交叉道口的，依照《公路法》第八十条的规定，责令恢复原状，处五万元以下罚款。

第二十八条 违反《公路法》第五十六条规定，在公路建筑控制区内修建建筑物、地面构筑物或者擅自埋设管线、电缆等设施的，依照《公路法》第八十一条的规定，责令限期拆除，并可处五万元以下罚款。

第二十九条 《公路法》第八章及本规定规定的行政处罚，由县级以上地方人民政府交通主管部门或者其设置的公路管理机构依照《公路法》有关规定实施。

第三十条 实施路政处罚的程序，按照《交通行政处罚程序规定》办理。

第五章 公路赔偿和补偿

第三十一条 公民、法人或者其他组织造成路产损坏的，应向公路管理机构缴纳路产损坏赔（补）偿费。

第三十二条 根据《公路法》第四十四条第二款，经批准占用、利用、挖掘公路或者使公路改线的，建设单位应当按照不低于该段公路原有技术标准予以修复、改建或者给予相应的补偿。

第三十三条 路产损坏事实清楚，证据确凿充分，赔偿数额较小，且当事人无争议的，可以当场处理。

当场处理公路赔（补）偿案件，应当制作、送达《公路赔（补）偿通知书》收取公路赔（补）偿费，出具收费凭证。

第三十四条 除本规定第三十三条规定可以当场处理的公路赔（补）偿案件外，处理公路赔（补）偿案件应当按照下列程序进行：

（一）立案；

（二）调查取证；

（三）听取当事人陈述和申辩或听证；

（四）制作并送达《公路赔（补）偿通知书》；

（五）收取公路赔（补）偿费；

（六）出具收费凭证；

（七）结案。

调查取证应当询问当事人及证人，制作调查笔录；需要进行现场勘验或者鉴定的，还应当制作现场勘验报告或者鉴定报告。

第三十五条　本规定对公路赔（补）偿案件处理程序的具体事项未作规定的，参照《交通行政处罚程序规定》办理。

办理公路赔（补）偿案件涉及路政处罚的，可以一并进行调查取证，分别进行处理。

第三十六条　当事人对《公路赔（补）偿通知书》认定的事实和赔（补）偿费数额有疑义的，可以向公路管理机构申请复核。

公路管理机构应当自收到公路赔（补）偿复核申请之日起 15 日内完成复核，并将复核结果书面通知当事人。

本条规定不影响当事人依法向人民法院提起民事诉讼的法定权利。

第三十七条　公路赔（补）偿费应当用于受损公路的修复，不得挪作他用。

第六章　行政强制措施

第三十八条　对公路造成较大损害、当场不能处理完毕的车辆，公路管理机构应当依据《公路法》第八十五条第二款的规定，签发《责令车辆停驶通知书》，责令该车辆停驶并停放于指定场所。调查、处理完毕后，应当立即放行车辆，有关费用由车辆所有人或者使用人承担。

第三十九条　违反《公路法》第五十四条规定，在公路用地范围内设置公路标志以外的其他标志，依法责令限期拆除，而设置者逾期不拆除的，依照《公路法》第七十九条的规定强行拆除。

第四十条　违反《公路法》第五十六条规定，在公路建筑控制区内修建建筑物、地面构筑物或者擅自埋设管（杆）线、电缆等设施，依法责令限期拆除，而建筑者、构筑者逾期不拆除的，依照《公路法》第八十一条的规定强行拆除。

第四十一条　依法实施强行拆除所发生的有关费用，由设置者、建筑者、构筑者负担。

第四十二条 依法实施路政强行措施,应当遵守下列程序:

(一)制作并送达路政强制措施告诫书,告知当事人作出拆除非法标志或者设施决定的事实、理由及依据,拆除非法标志或者设施的期限,不拆除非法标志或者设施的法律后果,并告知当事人依法享有的权利;

(二)听取当事人陈述和申辩;

(三)复核当事人提出的事实、理由和依据;

(四)经督促告诫,当事人逾期不拆除非法标志或者设施的,制作并送达路政强制措施决定书;

(五)实施路政强制措施;

(六)制作路政强制措施笔录。

实施强行拆除涉及路政处罚的,可以一并进行调查取证,分别进行处理。

第四十三条 有下列情形之一的,可依法申请人民法院强制执行:

(一)当事人拒不履行公路行政处罚决定;

（二）依法强行拆除受到阻挠。

第四十四条 《公路法》第八章及本规定规定的行政强制措施，由县级以上地方人民政府交通主管部门或者其设置的公路管理机构依照《公路法》有关规定实施。

第七章 监督检查

第四十五条 交通主管部门、公路管理机构应当依法对有关公路管理的法律、法规、规章执行情况进行监督检查。

第四十六条 交通主管部门、公路管理机构应当加强路政巡查，认真查处各种侵占、损坏路产及其他违反公路管理法律、法规和本规定的行为。

第四十七条 路政管理人员依法在公路、建筑控制区、车辆停放场所、车辆所属单位等进行监督检查时，任何单位和个人不得阻挠。

第四十八条 公路养护人员发现破坏、损坏或者非法占用路产和影响公路安全的行为应当予以制止,并及时向公路管理机构报告,协助路政管理人员实施日常路政管理。

第四十九条 公路经营者、使用者和其他有关单位、个人,应当接受路政管理人员依法实施的监督检查,并为其提供方便。

第五十条 对公路造成较大损害的车辆,必须立即停车,保护现场,并向公路管理机构报告。

第五十一条 交通主管部门、公路管理机构应当对路政管理人员的执法行为加强监督检查,对其违法行为应当及时纠正,依法处理。

第八章 人员与装备

第五十二条 公路管理机构应当配备相应的专职路政管理人员,具体负责路政管理工作。

第五十三条 路政管理人员的配备标准由省级人民政府交通主管部门会同有关部门按照"精干高效"的原则,根据本辖区公路的行政等级、技术等级和当地经济发展水平等实际情况综合确定。

第五十四条　路政管理人员录用应具备以下条件：

（一）年龄在20周岁以上，但一线路政执法人员的年龄不得超过45岁；

（二）身体健康；

（三）大专毕业以文化程度；

（四）持有符合交通部规定的岗位培训考试合格证书。

第五十五条　路政管理人员实行公开录用、竞争上岗，由市（设区的市）级公路管理机构组织实施，省级公路管理机构批准。

第五十六条　路政管理人员执行公务时，必须按规定统一着装，佩戴标志，持证上岗。

第五十七条　路政管理人员必须爱岗敬业，恪尽职守，熟悉业务，清正廉洁，文明服务、秉公执法。

第五十八条　交通主管部门、公路管理机构应当加强路政管理队伍建设，提高路政管理执法水平。

第五十九条 路政管理人员玩忽职守、徇私舞弊、滥用职权，依法给予行政处分；构成犯罪的，依法追究刑事责任。

第六十条 公路管理机构应当配备专门用于路政管理的交通、通信及其他必要的装备。

用于路政管理的交通、通讯及其他装备不得用于非路政管理活动。

第六十一条 用于路政管理的专用车辆，应当按照《公路法》第七十三条和交通部制定的《公路监督检查专用车辆管理办法》的规定，设置统一的标志和示警灯。

第九章 内务管理

第六十二条 公路管理机构应当建立健全路政内务管理制度，加强各项内务管理工作。

第六十三条 路政内务管理制度如下：

（一）路政管理人员岗位职责；

（二）路政管理人员行为规范；

（三）路政管理人员执法考核、评议制度；

（四）路政执法与办案程序；

（五）路政巡查制度；

（六）路政管理统计制度；

（七）路政档案管理制度；

（八）其他路政内务管理制度。

第六十四条 公路管理机构应当公开办事制度，自觉接受社会监督。

第十章 附 则

第六十五条 公路赔（补）偿费标准，由省、自治区、直辖市人民政府交通主管部门会同同级财政、价格主管部门制定。

第六十六条 路政管理文书的格式，由交通部统一制定。

第六十七条 本规定由交通部负责解释。

第六十八条 本规定自 2003 年 4 月 1 日起施行。1990 年 9 月 24 日交通部发布的《公路路政管理规定（试行）》同时废止。

中华人民共和国交通部令

1996 年第 7 号

《交通行政处罚程序规定》已于 1996 年 9 月 25 日，经第 16 次部长办公会议通过，现予发布，自 1996 年 10 月 1 日起施行。

部长　黄镇东

一九九六年九月二十五日

交通行政处罚程序规定

第一章　总　　则

第一条　为规范交通行政处罚程序，根据《中华人民共和国行政处罚法》（以下简称行政处罚法）的规定，结合交通实际，制定本规定。

第二条　公民、法人或者其他组织违反交通行政管理秩序，应当给予行政处罚的，由交通管理部门依照行政处罚法和有关法律、法规及本规定的程序实施。

第三条 本规定中交通管理部门是指具有行政处罚权的下列部门或者机构：

（一）县级以上人民政府的交通主管部门；

（二）法律、法规授权的交通管理机构；

（三）县级以上人民政府的交通主管部门依法委托的交通管理机构。

第四条 县级以上人民政府的交通主管部门可以委托依法设置的符合行政处罚法第十九条规定的运输、航道、港口、公路、规费、通信等交通管理机构实施行政处罚。

第二章 行政处罚的管辖

第五条 各级交通管理部门依法可以作出警告、罚款、没收违法所得、没收非法财物、暂扣证照的行政处罚。

县级以上人民政府交通主管部门、交通部直

接设置的管理机构、省级人民政府交通主管部门直接设置的管理机构依法可以作出吊销证照、责令停产停业的行政处罚。

省级人民政府交通主管部门直接设置的管理机构的下设机构，根据省级人民政府交通主管部门的决定，依法可以作出吊销证照、责令停产停业的行政处罚。

港务(航)监督机构行政处罚案件的管辖另行规定。

对涉外、涉台、涉港澳当事人作出行政处罚的权限，法律、法规、规章另有规定的，从其规定。

第六条 对违法行为需要给予的行政处罚超出本级交通管理部门的权限时，应将案件及时报送有处罚权的上级交通管理部门调查处理。

第七条 上级交通管理部门可以办理下一级交通管理部门管辖的行政处罚案件；下级交通管理部门对其管辖的交通行政处罚案件，认为需要由上级交通管理部门办理时，可以报请上一级交通管理部门决定。

第三章　行政处罚决定

第八条　交通行政执法人员在实施行政处罚时，应当主动向当事人和案件其他有关人员出示执法身份证件。

第九条　交通行政处罚程序分为简易程序和一般程序。

第一节　简易程序

第十条　违法事实确凿并有法定依据，对公民处以五十元以下、对法人或者其他组织处以一千元以下罚款或者警告的行政处罚的，可以当场作出行政处罚决定。

第十一条　执法人员当场做出行政处罚决定前，应当将认定的违法事实、处罚的理由和依据告知当事人。

当事人有权进行陈述和申辩。

执法人员必须充分听取当事人的意见，对当事人提出的事实、理由和证据应当进行复核；当事人提出的事实、理由和证据成立的，应当采纳。

第十二条 执法人员作出当场处罚决定，必须填写统一编号的《交通行政（当场）处罚决定书》（附件一），当场交付当事人，并应当告知当事人不服行政处罚决定可以依法申请行政复议或者提起行政诉讼。

第十三条 执法人员作出当场处罚决定之日起五日内，应当将《交通行政（当场）处罚决定书》副本向所属交通管理部门备案。

第二节 一般程序

第十四条 实施交通行政处罚，除适用简易程序的外，应当适用一般程序。

第十五条 交通管理部门必须对案件情况进行全面、客观、公正地调查，收集证据；必要时，依照法律、法规的规定，可以进行检查。

证据包括书证、物证、视听材料、证人证言、当事人陈述、鉴定结论、勘验笔录和现场笔录。

第十六条 案件调查人员调查、收集证据，应当遵守下列规定：

（一）不得少于两人；

（二）询问证人和当事人，应当个别进行并告知其作伪证的法律责任；制作《询问笔录》（附件二）须经被询问人阅核后，由询问人和被询问人签名或者盖章，被询问人拒绝签名或者盖章，由询问人在询问笔录上注明情况；

（三）对与案件有关的物品或者现场进行勘验检查的，应当通知当事人到场，制作《勘验检查笔录》（附件三），当事人拒不到场的，可以请在场的其他人员见证；

（四）对需要采取抽样调查的，应当制作《抽样取证凭证》（附件四），需要妥善保管的应当妥善保管，需要退回的应当退回；

（五）对涉及专门性问题的，应当指派或者聘请有专业知识和技术能力的部门和人员进行鉴定，并制作《鉴定意见书》（附件五）；

（六）证据可能灭失或者以后难以取得的情况下，经交通管理部门负责人批准，可以先行登记保存，制作《证据登记保存清单》（附件六），并应当在七日内作出处理决定。

第十七条 案件调查人员有下列情况之一的，应当回避，当事人也有权向交通管理部门申请要求回避：

（一）是本案的当事人或者其近亲属；

（二）本人或者其近亲属与本案有利害关系；

（三）与本案当事人有其他关系，可能影响案件的公正处理的。

第十八条 案件调查人员的回避，由交通管理部门负责人决定。

回避决定作出之前，案件调查人员不得擅自停止对案件的调查处理。

第十九条 案件调查人员在初步调查结束后，认为案件事实基本清楚，主要证据齐全，应当制作《交通违法行为调查报告》（附件七），提出处理意见，报送交通管理部门负责人审查。

第二十条 交通管理部门负责人对《交通违法行为调查报告》审核后，认为应当给予行政处罚的，交通管理部门应当制作《交通违法行为通知书》(附件八),送达当事人,告知拟给予的行政处罚内容及其事实、理由和依据,并告知当事人可以在收到该通知书之日起三日内进行陈述和申辩,符合听证条件的可以要求组织听证。

当事人逾期未提出陈述、申辩或者要求组织听证的,视为放弃上述权利。

第二十一条 当事人进行陈述和申辩的,交通管理部门应当审核当事人的意见并应当将当事人提出的事实、理由或者证据制成笔录。上述事实、理由或者证据成立的,交通管理部门应当采纳。

当事人要求组织听证的,交通管理部门应当按照本章第三节组织听证。

第二十二条 案件调查完毕后,交通管理部门负责人应当及时审查有关案件调查材料、当事人陈述和申辩材料、听证会笔录和听证会报告书,根据不同情况分别作出如下处理决定:

(一)违法事实清楚,证据确凿充分,依照本规定不需要经过听证程序的案件,根据情节轻重，作出处罚决定；

（二）应当经过听证程序处理的案件，适用本章第三节听证程序后作出处理决定；

（三）案件还需要作进一步调查处理的，责令案件调查人员补充调查；

（四）违法行为轻微，依法可以不予行政处罚的，不予行政处罚；

（五）违法事实不能成立的，不得给予行政处罚；

（六）违法行为已构成犯罪的，应当将案件有关材料移送有管辖权的司法机关处理。

案情复杂或者有重大违法行为需要给予较重行政处罚的，应当集体讨论。

第二十三条 交通管理部门作出行政处罚决定必须制作《交通行政处罚决定书》（附件九）。

第二十四条 《交通行政处罚决定书》应当在宣告后当场交付当事人；当事人不在场的，交通管理部门应当在七日内送达当事人，由受送达人在《交通行政处罚文书送达回证》(附件十)上注明收到日期、签名或者盖章,受送达人在《交通行政处罚文书送达回证》上的签收日期为送达日期。

(一)当事人不在场的,交其同住的成年家属签收,并且在备注栏内写明与当事人的关系;

(二)受送达人已指定代收人,交代收人签收;

(三)受送达人拒绝接收的,送达人应当邀请有关基层组织的代表或者其他人员到场,说明情况,在《交通行政处罚文书送达回证》上写明拒收事由和日期,由送达人、见证人签名或者盖章,把交通行政处罚文书留在受送达人的住处,即视为送达;

(四)直接送达交通行政处罚文书困难的,可以委托其他交通管理部门代为送达,或者以邮寄、公告的方式送达。

邮寄送达,挂号回执上注明的收件日期为送达日期;公告送达,自发出公告之日起经过六十天,即视为送达。

第三节 听证程序

第二十五条 交通管理部门在做出责令停产停业、吊销证照、较大数额罚款的行政处罚决定之前，当事人要求听证的，案件调查人员应当记录在案。交通管理部门应当组织听证。

本条前款所指的较大数额，地方交通管理部门按省级人大常委会或者人民政府规定或其授权部门规定的标准执行；交通部直属的交通管理机构按五千元以上执行，港务(航)监督机构按一万元以上执行。

第二十六条 交通管理部门应当在举行听证会的七日前向当事人送达《听证会通知书》(附件十一)，告知当事人组织听证的时间、地点、听证会主持人名单及是否申请其回避和可以委托代理人的权利。

第二十七条 除涉及国家秘密、商业秘密或者个人隐私外，听证会公开举行。

第二十八条 听证会由主持人、案件调查人员、当事人或者其委托代理人、证人、书记员参加。

听证会主持人由交通管理部门负责人指定的法制机构工作人员或者其他相应人员担任。

委托代理人出席听证会的,应当提交当事人的委托书。

第二十九条 听证会按以下程序进行:

(一)听证会主持人宣布听证会开始,宣布案由和听证会纪律,宣布和核对听证参加人员名单;

(二)案件调查人员介绍案件的违法事实和调查过程,宣读或者出示案件的证据,说明拟作出的行政处罚的内容及依据;

(三)当事人或者其委托代理人对案件的事实、证据、适用的法律依据及拟作出的行政处罚内容进行质证和申辩;

(四)听证会主持人就案件的有关问题向当事人、案件调查人员、证人询问;

(五)当事人或者其委托代理人作最后陈述;

(六)当事人或者其委托代理人阅读、修改

《交通行政处罚案件听证会笔录》(附件十二),并签字或者盖章。

第三十条 当事人或者其委托代理人无正当理由不按时出席听证会或者中途擅自退出听证会的,视为当事人放弃要求听证的权利。

第三十一条 听证主持人应当在听证会结束后将听证情况和处理意见制作成《交通行政处罚案件听证会报告书》(附件十三)。

第四章 行政处罚的执行

第三十二条 交通行政处罚决定依法作出后,当事人对行政处罚决定不服申请行政复议或者提起行政诉讼的,除法律另有规定外,行政处罚不停止执行。

第三十三条 作出罚款决定的交通管理部门应当与收缴罚款的机构分离。

除依照本规定第三十四条、第三十五条的规定当场收缴的罚款外,作出行政处罚的交通管理部门及其执法人员不得自行收缴罚款。

第三十四条 依照本规定第十条的规定当场作出行政处罚决定,有下列情形之一的,执法人员可以当场收缴罚款:

(一)依法给予二十元以下的罚款;

(二)不当场收缴事后难以执行的。

第三十五条 在边远、水上、交通不便地区,交通管理部门及其执法人员依照本规定第十条、第二十二条的规定作出罚款决定后,当事人向指的银行缴纳罚款确有困难,经当事人书面提出,交通管理部门及其执法人员可以当场收缴罚款。

第三十六条 交通管理部门及其执法人员当场收缴罚款的,必须向当事人出具省级财政部门统一制发的罚款收据。

行政执法人员当场收缴的罚款,应当自收缴罚款之日起二日内,交至执法人员所属交通管理部门;在水上当场收缴的罚款,应当自抵岸之日起二日内交至所属交通管理部门;交通管理部门应当在二日内将罚款缴付指定的银行。

罚款决定与罚款收缴分离制度的执行,按照

国务院制定的具体办法实施。

第三十七条 对需继续行驶的船舶、车辆实施暂扣证照或者吊销证照的行政处罚，交通管理部门在实施行政处罚的同时，应当发给当事人相应的证明，允许船舶、车辆驶往预定或者指定的地点。

第三十八条 对已经生效的处罚决定，当事人拒不履行的，由作出处罚决定的交通管理部门依法强制执行或者申请人民法院强制执行。

第三十九条 下列适用一般程序的交通行政处罚案件结案后，案件调查人员应当填写《交通行政处罚结案报告》(附件十四)：

(一)当事人在规定的期限内履行交通管理部门处理决定完毕的；

(二)申请人民法院或者由交通管理部门依法强制执行的案件，已经执行完毕的；

(三)对违法行为依法不予处罚的。

第五章 附 则

第四十条 本规定颁布之前交通部制定的规章与本规定不一致的，按本规定执行。

第四十一条 交通管理部门和执法人员违反本规定的，按照行政处罚法和《交通行政执法监督规定》的有关规定依法追究法律责任。

第四十二条 交通行政处罚文书由省级交通主管部门和交通部设置的管理机构组织印制；港务（航）监督机构使用的文书，中华人民共和国港务监督局可以参照本规定所附文书样式另行制定。

第四十三条 本规定自1996年10月1日起施行。

注：附件一～十四（略）。

中华人民共和国公路管理条例实施细则

1988年6月28日

第一章 总 则

第一条 根据《中华人民共和国公路管理条例》(以下简称《条例》)第四十条的规定,制定本实施细则(以下简称《细则》)。

第二条 本《细则》所称"公路"是指在中华人民共和国境内,按照国家规定的公路工程技术标准修建,并经公路主管部门验收认定的城间、城乡间、乡间可供汽车行驶的公共道路。

第三条 公路分为国家干线公路(以下简称国道),省、自治区、直辖市干线公路(以下简称省道),县公路(以下简称县道),乡公路(以下简称乡道)和专用公路五个行政等级。

国道是指具有全国性政治、经济意义的主要干线公路，包括重要的国际公路，国防公路，联结首都与各省、自治区首府和直辖市的公路，联结各大经济中心、港站枢纽、商品生产基地和战略要地的公路。

省道是指具有全省（自治区、直辖市）政治、经济意义，联结省内中心城市和主要经济区的公路，以及不属于国道的省际间的重要公路。

县道是指具有全县（旗、县级市）政治、经济意义，联结县城和县内主要乡（镇）、主要商品生产和集散地的公路，以及不属于国道、省道的县际间的公路。

乡道是指主要为乡（镇）内部经济、文化、行政服务的公路，以及不属于县道以上公路的乡与乡之间及乡与外部联络的公路。

专用公路是指专供或主要供厂矿、林区、油田、农场、旅游区、军事要地等与外部联络的公路。

第四条　公路与城市道路的划分，应以是否形成街道或近期城市发展规划区域为界限，由省级公路主管部门与当地城建部门共同商定，并随城市建设区域的发展变化进行合理调整。

第五条 当专用公路的专用性质改变时，经专用单位申请，省级公路主管部门批准，可改划为省道或县道。

公路如因改线等情况变化，个别路线（段）失去原有作用，经上一级公路主管部门核准并办理有关手续，可改作其他用途。

第六条 各级人民政府有责任加强对公路建设、养护和管理工作的领导；要把公路的建设和发展纳入本地国民经济发展计划统筹安排并认真组织实施；对一切违章利用、侵占和破坏公路、公路用地和公路设施的行为，要及时采取措施加以制止，确保公路完好畅通。

第七条 公民有遵守公路法规，爱护公路、公路用地和公路设施的义务；有权检举、揭发违章利用、侵占、破坏公路、公路用地和公路设施的行为。有车单位和个人，有按国家规定缴纳各项公路规费的义务。公路沿线有劳动能力的农民和车船等运输工具，有按国家规定履行公路建勤的义务。

第二章 机构与职责

第八条 中华人民共和国交通部主管全国公路事业，地方各级人民政府的公路主管部门主管本地区的公路事业。

第九条 各级公路主管部门可根据实际情况设置公路管理机构。公路管理机构依据公路主管部门的授权，负责公路管理工作。

第十条 各级公路主管部门和其授权的公路管理机构应当认真履行下列各项管理职责：

（一）贯彻执行国家关于公路建设、养护、管理工作的方针、政策、法规，负责《中华人民共和国公路管理条例》及本《细则》的实施。

（二）编制公路建设、养护计划并组织实施；协调解决计划执行中发生的问题；负责公路建设、养护工作的检查和奖惩，采取措施提高路况，保证畅通。

（三）负责路政管理，处理违章，保护路产，维护公路养护施工的正常秩序。

（四）组织公路现代化养护、现代化管理技术的开发，负责交通情况调查和路况登记，培训公路专业人员，改善技术装备，交流先进经验，提高公路管理水平。

（五）调查研究和统计上报公路情况。

（六）负责公路养路费、通行费、过渡费等规费的征收和使用管理等。

第三章　公路建设

第十一条　公路发展规划必须遵循远近期结合、新建与改建结合、平时建设与战时需要结合、需要与可能结合的原则，全面规划，统筹安排，从整体上提高公路网络的使用效果。

第十二条　各个行政等级的公路发展规划，按《条例》规定的原则和管理权限分别制定和审批。年度计划应与规划相衔接。凡经批准的规划有改变时，必须经原审批单位同意。

第十三条 新建公路、改建原有公路,由各级公路主管部门在各级人民政府的统一领导下组织实施。

公路新建、改建工程,应符合国家规定的公路工程技术标准、规范、规程的要求。

第十四条 公路建设资金,根据《条例》第九条的规定筹集。

国道和重要省道的新建、改建,由国家和地方共同投资或用车辆购置附加费和养路费给予补助。

县道建设主要依靠地方投资与民工建勤的办法实施,可用养路费给予补助。

乡道的建设主要由乡(镇)自办,或者以乡(镇)为主,由地方财政给予补助。

边远、贫困地区的县道、乡道建设,可实行以工代赈的办法。

边防、国防公路建设资金,另由国家专项投资解决。

第十五条 凡属新建的公路基本建设项目

和改建的大中型项目，均应按国家《公路工程基本建设管理办法》中规定的基本建设程序办理。

在符合审批制度的前提下，各项程序可根据具体情况进行合理的交叉；小型项目和乡道也可适当裁并一些程序。

第十六条 公路勘察设计任务必须由持有公路勘察设计证书的单位和法人承担。

重大公路建设项目的设计，采取招标办法，鼓励竞争，提高设计质量。

第十七条 大中型公路建设项目的施工实行招标制。

凡纳入国家或地方财政投资的公路建设项目，实行国内公开招标。

凡利用外资和国际间贷款的公路建设项目，可实行国际招标，但必须履行规定的批准手续。

特殊公路建设工程或不具备招标条件的公路建设项目，可采取议标、邀标或投资包干方式组织施工。

第十八条 公路主管部门应当加强公路建

筑市场管理、定额管理和工程质量监理。

承担公路工程施工任务的建筑单位必须取得经公路主管部门考核合格发给的施工证书，以及工商行政管理部门核发的施工营业执照。

第十九条 公路新建、改建工程按批准的设计文件修建完成后，应及时按国家《公路工程竣工验收办法》的规定组织验收，办理交接手续。不符合设计要求以及公路产权资料不完备的公路工程，不得支付使用，建设单位和施工单位应采取补救措施或者重新返工。

第二十条 现有国道、省道穿过县级市和县城的路段改建时，可按"靠城不进城"的原则，避正城区另辟新线。新线工程由当地政府负责做好协调工作，公路主管部门负责组织实施。

凡根据县级市和县城建设规划进行公路扩建的，由公路主管部门承担与现有公路技术标准相吻合部分所需的建设费用。提高公路技术标准和扩大工程规模而增加的费用，由提出或确定提高标准和扩大规模的部门承担。

第二十一条 地级市及其以上的大中城市出入口道路与干线公路连接处，已划为城市规划范围，但尚未形成街道的路段，其建设规划、计划及其实施以当地城建主管部门为主，公路主管部门配合协助。

第二十二条 公路建设用地，应本着节省土地、少占良田的原则，做到"全面规划，充分利用，合理安排"。

新建、改建国道、省道、县道需要征用、拨用土地的，按照《中华人民共和国土地管理法》的规定办理，具体征用、拨用标准按"社会公益设施"的实际情况，由各省、自治区、直辖市人民政府规定。

新建、改建乡道需用的土地，由乡（镇）人民政府规划、审核，报县级人民政府批准划拨。

第二十三条 根据公路发展规划，新建公路或拓宽原有公路、增建公路设施等需要预留土地的，由公路主管部门根据《条例》规定精神提出申请，经当地人民政府批准后纳入土地利用总体规划,并造册登记,立案存档。

第二十四条 公路设计、施工应尽量适应地形变化,并采取必要措施,减少对自然地貌的破坏,防止水土流失和环境污染。

通过名胜古迹和自然保护区的公路,应注意与周围环境、天然景观的协调。严禁损坏历史文物。

修建公路如可能影响铁路、管道、水利、电力、邮电、军事等设施的正常使用,以及公路与铁路立交所涉及的建设原则、建设规模、建设标准、投资来源、组织实施、交接管理等事项,按国家有关规定办理。

第二十五条 新建、改建公路应当按照国务院规定的分工,同时修建公路防护、排水、养护、绿化、交通工程、环境保护等设施,高速公路还应当同时修建监控、营运、服务、救护等设施。

第四章 公 路 养 护

第二十六条 公路养护以预防为主,防治结

合，经常保持公路完好、平整、畅通、

整洁、美观，及时修复损坏部分，周期性地进行大中修，逐步改善技术状况，提高公路的使用质量和抗灾能力。

第二十七条 公路养护采取下列组织形式：

国道、省道主要由固定(合同制)专业工人养护，适当利用民工建勤采备砂石材料。

县道以建勤轮换工养护为主，但每个养护道班应至少配一名固定(合同制)养路专业工人。

乡道由乡(镇)人民政府组织群众养护。

公路养护道班一般按每十至十五公里设立一个，也可根据养路机械化程度、路面等级和养护难易程度的变化，设置大道班(或养护工区)延长其管养里程。人烟稀少和边远地区的公路，也可实行机械化养护队定期巡回养护。

第二十八条 各级公路管理机构应加强对公路路基、路面、桥涵等构造物、排水设备、防护设施、绿化带，以及有关交通工程设施的日常巡视和检查。实施综合治理和全面养护，防止公路环境污染，美化路容路貌，减少水毁损失。

公路、公路桥梁及其他构造物发生损坏、承载力不足或出现险情时，公路管理机构除及时通知当地公安交通管理机关采取减速行驶、单向行驶、限载行驶或封闭绕行的交通措施外，应尽快落实维修、加固、修复的工程措施。

第二十九条 进行公路养护或施工作业，应当采取措施维持交通；当影响车辆正常通行时，应在作业处或施工路段两端设置明显的施工标志；影响行车安全的，夜间还需设置红灯警视信号。

在交通流量大的公路上进行大中修养护或改建施工，可能造成交通堵塞时，公路管理机构应函告当地公安交通管理部门，共同疏导交通；需中断交通的，应与当地公安交通管理机关事先共同发布通告。

在高等级公路或交通流量大的公路上从事养护作业的人员，应着统一的安全标志服。

第三十条 各级公路主管部门应本着珍惜

民力的原则，做好民工建勤工作。公路沿线农村成年劳动力每年每人不得超过三个建勤工日，车船运输工具每年每台件不得超过两个建勤工日。

第三十一条 公路遇有大量雪阻、塌方、水毁、泥石流、沙埋、地震等自然灾害致使交通受阻时，公路主管部门可及时报请当地政府动员附近驻军、机关、学校、企事业单位和城乡居民进行紧急抢救，尽快恢复通车。

当国道中断交通两天以上时，应将阻、通情况及时报告交通部和省、直辖市、自治区和人民政府。省道、县道、乡道中断交通的报告程序由省级公路主管部门规定。

第三十二条 在公路沿线设置公路养护专用砂石料场和施工取土场地，应事先征得当地县（市）人民政府土地管理部门同意，并按社会公益事业需要办理长期或临时拨用手续。

在县（市）人民政府核准、土地管理部门划拨的公路料场取土（砂）采石，任何单位和个人均不得借故阻挠或索取价款。

公路养护工程取土采石不得影响附近建筑物和水利、电力、管道、通讯、军事等设施的安全以及农田水土保持。

第三十三条 公路管理机构应充分利用公路用地、边坡、分隔带，本着因路制宜、稳固路基、防护边坡、保障安全、美化路容、改善环境的原则实施公路绿化。

对公路花草树木，只许作抚育和更新性质的修饰或采伐。需要更新砍伐公路树木的，国道、省道须经省级公路主管部门批准；县道须经地（州、市）公路主管部门批准；乡道须经县（旗、市）公路主管部门批准。

第五章 路政管理

第三十四条 公路主管部门和其授权的公路管理机构负责管理和保护公路、公路用地和公路设施（以下简称路产），依法查处各种违章利用、侵占、污染、毁坏路产的行为，控制公路两侧建筑红线，审理跨越公路的其他设施建筑事宜，核批公路的特殊利用、占用和超限运输，维持公路渡口和公路养护施工作业的正常秩序，保护公路管理机构及其工作人员的合法权益等。

第三十五条 公路路政管理人员在执行公务时，按国家规定着装、佩戴〔中国公路路政〕胸徽，并持有“中华人民共和国路政管理证”及指挥旗（灯）。路政巡查车辆须装有“路政管理”标牌和标志灯饰。

第三十六条 在公路、公路用地范围内禁止：

（一）设置电杆、变压器、地下管线及其他类似设施。

（二）设置棚屋、摊点、维修场及其他类似临时设施。

（三）堆放垃圾、建筑材料及其他类似堆积物。

（四）挖掘、采矿、取土、引水灌溉、排放污水、种植作物、烧窑、制坯、沤肥及其他类似作业。

（五）任何违章利用、侵占、损坏路产的行为。

第三十七条 在公路大中型桥梁和渡口上

下游各二百米、公路隧道上方和洞口外一百米范围内不得：

（一）采挖砂石、淘金开矿、修筑堤坝、压缩或扩宽河床、烧荒、刷坡、爆破、取土、伐木或进行其他类似作业。

（二）倾倒垃圾、污物，堆放或倒运货物，停泊船只、排筏或进行其他类似活动。

（三）有任何妨碍公路桥梁、渡口、隧道安全和畅通的行为。

第三十八条 在公路两侧从事开山、采矿、伐木和施工作业，不得危及公路、公路设施的安全；如有危及的可能时，从事作业的单位或个人应在作业前报告当地公路管理机构，同时采取必要的防护措施；已发生危及路产安全的，须立即停止作业，听候处理。

第三十九条 超过公路和公路桥梁、隧道、渡船限载、限高、限宽、限长标准的车辆不得任意通行；必须通行的，须经公路管理机构批准，妨碍交通的，还需经公安交通管理机关批准，并由超限运输单位承担公路管理机构为此采取技术保护措施和修复损坏部分所发生的费用。

履带车、铁轮车,以及类似可能损害路面的其他运输机具,不得在铺有路面的公路上行驶;必须通行的,按本条上款规定办理。

机动车辆制造、修理厂家不得擅自在公路上试车;必须试车的,应事先征得当地公路管理机构的同意、签订协议,悬挂公安交通管理机关核发的试车号牌,指定路段,设置试车标志,并明确由厂方向路方缴纳公路损坏补偿费。

第四十条 兴建铁路、机场、电站、水库、水渠、地下管线或其他建设工程,需要挖掘公路或占用、利用公路、公路用地和公路设施时,建设单位和个人必须事先征得公路主管部门同意,签订协议,并承担按原公路技术标准修复或商定按规划标准改建公路的费用;影响交通的,还须征得公安交通管理部门的同意。

第四十一条 修建跨越公路的各种桥梁、渡槽、管线等设施,必须考虑公路的远景发展规划、满足公路工程技术标准规定的各项几何尺寸及净空的要求;因施工造成公路及公路设施损坏的,按本《细则》第三十九条规定的原则办理。

第四十二条 在公路两侧修建永久性构造物或设施,其建筑设施边缘与公路边沟(坡脚护坡道、坡顶截水沟)外缘的最小间距必须符合《条例》的以下规定:

国道不少于二十米、省道不少于十五米、县道不少于十米、乡道不少于五米。公路弯道内侧及平交道口附近还须满足公路长远发展规划标准的行车视距或改作立体交叉的要求。

第四十三条 在公路上增设交叉道口,需经公路主管部门和公安交通管理机关审核批准,并按公路工程技术标准的要求设计、修建。

第四十四条 通过公路渡口的一切车辆和人员,必须服从渡口和路政管理人员的调度及指挥,遵守渡口管理规章。

第四十五条 对违反《条例》及本细则,侵犯公路合法权宜、造成路产损坏或严重危及路产安全的单位、个人或车辆，公路路政管理人员有权对当事者和案发现场进行拍照取证和查处，并按《条例》规定，责令赔偿损失；对驾车逃逸者可通知公安交通管理人员或赶赴交通检查站会同检查人员共同拦截，查处其违章行为。

第六章　公路规费征收和使用管理

第四十六条　各级公路主管部门应当加强对公路养路费、通行费、过渡费，以及其他规费征收和使用管理工作的领导。任何单位和个人不得以任何名义平调、挪用、滥用、截留、挤占公路规费。

第四十七条　各项公路规费征收标准和管理办法，由交通部会同国务院有关部门制定；各省（自治区、直辖市）公路主管部门可制定实施细则，报省级人民政府批准后施行。

第四十八条　凡领有牌证的车辆均应按规定缴纳公路养路费（属国家规定暂免征收的除外）。

凡利用贷款和需要偿还的集资修建的高等级公路和大型公路桥梁、隧道，以及经省级人民政府批准收费的公路渡口，所有车辆通过时都要按规定缴纳通行费和过渡费（属国家规定免征的除外）。

凡购买国内生产、组装及国外进口的各种机动车辆都要缴纳车辆购置附加费（属国家规定暂免征收的除外）。

第四十九条 省级公路主管部门和其授权的公路管理机构按“收管用一体，统收统支，收支两条线，严格核查”的原则，负责公路养路费、通行费、过渡费的征收和使用管理工作。

车辆购置附加费由交通部负责征收和使用管理。各级公路主管部门和其授权的公路管理机构应将所代征的车辆购置附加费费款及时存入当地中国工商银行开设的交通部车辆购置附加费专户，由各地工商银行负责划转，任何代征、代管单位不得动支。

第五十条 根据《条例》第三十三条规定，经省级人民政府批准，公路主管部门和其授权的公路管理机构，可以在必要的公路路口、桥头、渡口、隧道口设立收取车辆通行费的站卡及公路征费稽查站卡，任何部门、单位和个人不得干预阻挠其征费和征费检查工作，也不得拒绝接受检查。

第五十一条 公路征费人员执行公务按国家规定着装，佩戴〔中国公路征费〕胸章，持“中华人民共和国公路征费检查证”和指挥旗（灯）。公路征费车辆须装有“公路征费”字样的标牌和专用标志灯饰。

公路规费征收人员必须严格执行国家征费政策，遵守各项公路征费管理规章，秉公办事，不得乱设卡、滥收费、乱罚款和徇私舞弊。

第五十二条 各种公路规费征收票证和处罚单据，由省级公路主管部门统一印制核发。

第五十三条 公路养路费的使用应严格按照国家《公路养路费使用管理规定》办理。

收取的车辆通行费，除用于收费公路或桥

梁、隧道的养护及收费人员、设施等正常开支外，只能用于偿还贷款和需要偿还的集资。

对收取的过渡费的使用视同养路费，除以渡养渡的必要支出外，主要用作改渡为桥的建设资金。

征收的车辆购置附加费的使用按国家有关规定办理。主要用于国道、特大公路桥梁、隧道、重要立体交叉枢纽工程，以及具有重要经济意义的省道的建设。

第七章　法律责任

第五十四条　公路主管部门和其授权的公路管理机构有权对违反《条例》和本《细则》规定的单位和个人，分别情况，责令其归还原物，恢复原状，赔偿损失，没收非法所得并处以罚款。

第五十五条　对违反《条例》第二十四条及本《细则》第三十六条规定的单位和个人，应分别情况给予处罚。

（一）对尚未造成路产损失的，责令限期移出，同时恢复原状并处以罚款。

（二）对造成路产损失的，应责令限期拆除、修复路产、赔偿损失并处以罚款。

第五十六条 对违反《条例》第二十五条、第二十六条及本《细则》第三十七条、第三十八条规定的单位和个人，按本条以下规定给予处罚：

（一）警告，责令暂停施工，待完善防护措施后复工；限期迁出规定范围。

（二）罚款。

（三）对已造成公路及公路设施损失的，责令停止施工作业，赔偿公路损失；情节严重的，另处以不超过公路损失赔偿费20%的罚款。

第五十七条 对违反《条例》第二十七条、第二十八条及本《细则》第三十九条、第四十四条规定或对公路路产造成损坏的当事者和其单位，应分别情况给予处罚：

（一）对违反规定利用公路试车、行驶履带车、铁轮车或进行超限运输的，责令立即停驶，补办有关手续并酌情处以罚款。

（二）对违反规定行车，造成公路及其设施损坏的，限期缴纳路产损失赔偿费，并处以不超过路产损失赔偿费100%的罚款。

（三）对违反公路渡口管理规章的，按该规章规定处理。

第五十八条 对违反《条例》第二十九条、第三十条、第三十一条及本《细则》第四十条、第四十一条、第四十二条规定的单位和个人，按以下规定处罚：

（一）对擅自动工的，责令停工，补办手续，并酌情处以罚款。

（二）对已造成公路路产损失的，责令赔偿损失，并处以罚款。

（三）对违反《条例》第三十一条及本《细则》第四十二条规定的，立即责令停工，限期拆除。

第五十九条 对违反《条例》第三十二条及本《细则》第四十三条规定的单位，参照本《细则》第五十八条的规定予以处罚。

第六十条 对违反《条例》第二十二条及本《细则》第三十三条规定,乱砍滥伐或毁坏公路花草林木的单位和个人,按照《中华人民共和国森林法实施细则》第二十二条、第二十三条、第二十五条、第二十六条的有关规定处理。

第六十一条 对违反《条例》第十八条及本《细则》第四十八条、第四十九条规定的单位和个人,根据以下规定处罚:

(一)对拖欠、逃缴公路规费的,责令限期补缴,并课以滞纳金;对情节严重、倒换车牌或伪造、涂改征费凭证的,还应处以相当所欠费款1~5倍的罚款。

(二)对非公路主管部门及其授权的公路管理机构的任何其他部门、单位和个人擅自征收公路养路费、通行费、过渡费、车辆购置附加费的,应没收全部非法所得,并处以不超过全部非法所得两倍的罚款,同时对当事者及其单位主要负责人处以相当其本人三个月工资的罚款。

第六十二条 违反《条例》和本《细则》规定

的当事者，对公路主管部门或其授权的公路管理机构给予的处罚不服的，在接到处罚通知单之日起七内向上一级公路主管部门或其授权的公路管理机构提出申诉；对上一级公路主管部门或其授权的公路管理机构的处理决定还不服的，可在接到处理决定书之日起十五日内向人民法院起诉；期满不起诉又不履行处理决定的，公路主管部门或其授权的公路管理机构可以报请人民法院强制执行。

第六十三条 对违反《条例》第十九条及本《细则》第四十六条、第五十一条规定，属于公路征费人员的，由公路主管部门或其授权的公路管理机构负责查处；属于公路主管部门或其授权的公路管理机构的，由上一级公路主管部门或有关主管部门查处。

对超出国家规定使用范围，挪用公路规费于其它建设和开支的，银行有权拒付，审计、财政部门有权追查、索赔，并按国家有关规定给予处罚。

第六十四条 各级公路管理人员违反《条例》及本《细则》规定，由各级公路主管部门或其授权的公路管理机构给予行政处分或经济处罚。

公路管理人员受本单位或上级单位负责人指使、纵容而违反《条例》和本《细则》规定的除追究其本人责任外，并应追究有关单位及其负责人的责任。

第六十五条 违反《条例》及本《细则》规定应当受治安管理处罚的，由公安机关处理；构成犯罪的，由司法机关依法追究刑事责任。

第八章 附 则

第六十六条 本《细则》的解释权属交通部。各省、自治区、直辖市公路主管部门可根据《条例》及本《细则》规定制定具体实施办法。

第六十七条 本《细则》自一九八八年八月一日起施行。

关于解释《中华人民共和国公路管理条例》第三十二条中“在公路上设置交叉道口”含义的函

（1996 年 8 月 30 日交通部交函体法[1996]350 号文发）

江西省交通厅：

你厅《关于要求解释“在公路上设置交叉道口”含义的请示》收悉。经研究，现函复如下：

《中华人民共和国公路管理条例》第三十二条中的“在公路上设置交叉道口”是指在公路的原设计图纸（或路况记录）没有交叉道口的地方增设供车辆出入的道口。你省所称的“搭接”即为 T 形交叉。

一九九六年八月三十日

交通部关于《中华人民共和国公路管理条例》中“公路”一词的含义解释

(91)交函政法字133号

广西壮族自治区交通厅：

你厅桂交公路〔1991〕091号《关于要求明确在建公路是否属于法规所称“公路”问题的请示》收悉。现对《中华人民共和国公路管理条例》中“公路”一词的含义解释如下：

《中华人民共和国公路管理条例》第三十九条规定：“公路是指经公路主管部门验收认定的城间、城乡间、乡间能行驶汽车的公共道路”。它包括已经建成的由公路主管部门认定的公路，也包括按照国家公路工程技术标准进行设计，并经国家有关行政管理部门批准立项，由公路主管部门组织正在建设中的公路。

国务院批转财政部、国家计委等部门《交通和车辆税费改革实施方案》的通知

国发[2000]34号

2000年10月22日

各省、自治区、直辖市人民政府，国务院各部委、各直属机构：

国务院同意财政部、国家计委、国家经贸委、公安部、建设部、交通部、税务总局、工商局、国务院法制办、国务院体改办、中国石油天然气集团公司、中国石油化工集团公司制定的《交通和车辆税费改革实施方案》（以下简称《方案》）。现转发给你们，请认真贯彻执行。

第九届全国人大常委会第12次会议已审议通过了《中华人民共和国公路法》修正案，涉及交

通和车辆税费改革的法律程序业已完成。为加快交通和车辆税费改革步伐,国务院决定于2001年1月1日先行出台车辆购置税。考虑到当前国际市场原油价格较高,为稳定国内油品市场,燃油税的出台时间,将根据国际市场原油价格变动情况,由国务院另行通知。在车辆购置税、燃油税出台前,各地区和有关部门要继续加强车辆购置附加费、养路费等国家规定的有关政府性基金和行政事业性收费的征管工作,确保各项收入的足额征缴。同时,要继续清理涉及交通和车辆的乱收费,落实已取消的收费项目,切实减轻社会各方面负担。

实施交通和车辆税费改革,是进一步深化和完善财税体制改革的重要内容,也是社会主义市场经济体制下政府依法行政、依法理财、依法治税的必然要求。通过这项改革,有利于进一步规范政府行为,遏制各种乱收费,从根本上减轻企事业单位和人民群众的负担,合理筹集公路、城市道路、水路维护和建设资金,促进国民经济持续、快速、健康发展。这项改革涉及面广、政策性强，各地区、各部门要高度重视，顾全大局，加强领导，切实做好各项准备工作，抓好《方案》的组织实施，保证改革的顺利进行。

国务院

二○○○年十月二十二日

交通和车辆税费改革实施方案

财政部、国家计委、国家经贸委、公安部、建设部、交通部、税务总局、工商局、国务院法制办、国务院体改办、中国石油天然气集团公司、中国石油化工集团公司

（二○○○年九月四日）

为治理公路、城市道路和水路“三乱”，从根本上减轻企事业单位人民群众的经济负担，理顺税费关系，合理筹集交通基础设施维护和设资

金,特制定交通和车辆税费改革实施方案。

一、改革的指导思想和基本原则

我国现行交通基础设施维护、建设与车辆管理方面的行政事业性收费、政府性基金和政府性集资(以下统称“收费”),对于促进交通基础设施建设和相关事业发展,起到了一定作用。但是,由于利益机制和管理制度等方面的原因,当前收费征管中仍存在着许多亟待解决的问题,主要表现在:一是一些地方和部门越权和重复设立收费项目,随意设站立卡,收费过多过乱,加重了企事业单位和人民群众的经济负担;二是收费稽征机构重叠设置,收费养人、养人收费的现象普遍存在,征收成本不断加大;三是收费负担不公平,不能体现多用路者多付费,少用路者少付费的原则;四是资金管理不规范,使用缺乏监督,坐支挪用等问题时有发生。因此,必须进行交通和车辆税费改革。

改革的指导思想是:根据发展社会主义市场经济的要求,进一步规范政府行为,继续深化和完善财税体制改革，正确处理税费关系，遏制各种乱收费。参照国际惯例，以税收为主体筹集交通基础设施维护和建设资金，促进汽车工业和道路、水路等相关事业的健康发展。

改革的基本原则是：第一，规范收费管理，取消不合法、不合理的收费项目，降低不合理的收费标准，从根本上减轻企事业单位和人民群众负担。第二，规范收入分配秩序，合理调节分配关系，建立科学的交通基础设施维护和建设投入的资金渠道。第三，多用路者多负担，少用路者少负担，鼓励节约能源和保护环境。第四，合理开征新税，进一步完善现行财税体制，增强国家财政宏观调控能力。

二、改革的主要内容

（1）取消不合法和不合理的收费项目。这类项目包括：地方和部门违反国家有关审批管理权限，越权设立的项目；以及虽按审批管理权限规定批准，但现已属于不合理的收费项目。具体项目由财政部会同国家计委向社会公布。各地区、各部门要层层建立和落实取消乱收费责任制，不得以任何理由直接或变相拖延甚至拒绝执行。凡是继续乱收费的，一经查出，要予以公开曝光，并追究有关地区和部门主要负责人和直接责任人的责任；对其非法所得一律没收上缴中央国库，并由中央财政按照查处乱收费金额一倍的数额，扣减对该地区的燃油税转移支付基数。公民、法人和其他社会组织有权拒交已取消的收费，有权举报乱收费行为，有权要求对乱收费造成的损失获得赔偿。

（2）将具有税收特征的收费实行“费改税”。具体是：开征车辆购置税取代车辆购置附加费；开征燃油税取代公路养路费、公路客货运附加费、公路运输管理费（包括海南省征收的燃油附加费用于公路养护、公路运输管理的收入部分，下同）、航道养护费（包括长江干线、黑龙江和内河，下同）、水路运输管理费、水运客货运附加费，以及地方用于公路、水路、城市道路维护和建设方面的部分收费。开征车辆购置税和燃油税后，相关收费同时废止。

(3)将不体现政府行为的收费转为经营性收费,严格按照经营性收费的规定进行管理。具体项目由财政部、国家计委向社会公布,并由国家计委会同有关部门制定管理办法。

(4)保留少量必要的规费,降低不合理的收费标准,实行规范化管理。保留的规费包括各级交通部门利用贷款或按照国家规定有偿集资修建公路、桥梁、隧道、渡口,以及各级建设部门利用贷款或按照国家规定有偿集资修建大型桥梁、隧道等,在还款期间收取的车辆通行费(过路费、过桥费、过隧道费、过渡费,下同);各级交通部门贷款修建船闸收取的船舶过闸费;政府有关部门在交通和车辆管理过程中依法发放证照收取的机动车辆牌证(含行驶证)工本费、机动车驾驶证工本费、船舶证明签证费、船员证书工本费、机动车辆安全检验费、船舶登记费、强制性(法定)的船舶检验收费、船舶港务费、港口建设费等。除此以外,任何地方和部门均不得设立与道路、水路维护和建设以及机动车辆、船舶管理有关的收费项目。

对保留的收费项目,由财政部会同国家计委重新向社会公布,并规范管理;收费标准由国家计委会同财政部重新核定,其中车辆通行费收费标准由省、自治区、直辖市人民政府重新核定,港口建设费收费标准由财政部会同国家计委、交通部重新核定。收费标准过高的要降低,证书性工本费每证收费标准一般不得超过10元。实施收费时,要按照有关规定到指定的价格主管部门申领收费许可证,并按照隶属关系分别使用财政部或省、自治区、直辖市财政部门统一印(监)制的收费票据;收取的资金分别纳入同级财政预算或预算外资金财政专户,实行"收支两条线"管理。改革收费收取方式,根据不同情况,分别实行银行代收和主管部门收取等办法。

三、开征车辆购置税和燃油税

制定《中华人民共和国车辆购置税暂行条例》、《中华人民共和国燃油税暂行条例》及其征收管理办法，相应修订有关法规。

（一）车辆购置税

车辆购置税纳税人为购置和自产自用机动车辆的单位和个人。计税依据为应税机动车辆的组成计税价格或实际价格。计征方式为从价定率。征税环节为购车之后、办理车辆登记注册手续之前。免税范围包括外国驻华使领馆和国际组织驻华机构及其外交人员自用车辆，中国人民解放军和中国人民武装警察部队列入军队武器装备订货计划的车辆，设有固定装置的非运输车辆以及国务院规定的其他车辆。纳税人在办理车辆登记注册手续时，必须出示完税证明。车辆购置税税率在《中华人民共和国车辆购置税暂行条例》中另行规定。

车辆购置税为中央税，由国家税务局负责征收，税款缴入中央国库。

（二）燃油税

燃油税纳税人为中国境内汽油、柴油（以下简称汽、柴油）的生产、批发经营单位；无汽、柴油生产、批发经营权进口汽、柴油的单位；机动车辆用液化气、燃气(以下简称车用燃气)的零售单位。纳税环节为：有汽、柴油生产、批发经营权的单位销售汽、柴油给无汽、柴油生产、批发经营权的单位的，在销售时纳税；无汽、柴油生产、批发经营权的单位委托加工汽、柴油的，在汽、柴油交货环节纳税；无汽、柴油生产、批发经营权进口汽、柴油的单位进口汽、柴油的，在报关进口环节纳税；有汽、柴油生产、批发经营权的单位自用汽、柴油的，在移送环节纳税；零售车用燃气的，在零售时纳税；自用车用燃气的，在移送环节纳税。计税依据为汽、柴油或车用燃气的销售数量、委托加工数量、自用数量、报关进口数量。计征方式实行从量定额、价外征收。燃油税不作为增值税税基。免(退)税范围包括外国驻华使领馆和国际组织驻华机构及其外交人员自用的车用汽、柴油、车用燃气；出口的未税汽、柴油免税，已税汽、柴油退税；国务院规定的其他减税、免税。燃油税税率在《中华人民共和国燃油税暂行条例》中另行规定。为保护环境,鼓励车辆使用清洁燃料,暂对车用燃气按应纳税额减半征收燃油税。

燃油(含车用燃气,下同)税为中央与地方共享税,由国家税务局组织征收。其中无燃油生产、批发经营权单位进口燃油的燃油税,在其报关进口时由海关负责征收。税款分别缴入中央国库和地方国库。

燃油税收入中央与地方分享办法是:对军队、武警部队、铁路、国家储备、农垦(包括兵团)等直供燃油征收的燃油税以及由海关征收的燃油税全部作为中央收入;其余燃油税收入中央分享40%,地方分享60%。

开征燃油税后,对无燃油生产、批发经营权的经销企业和单位开征燃油税前购入库存的未税燃油,要核实数量,补征燃油税。

四、税收分配与安排使用

燃油税和车辆购置税收入具有专项用途,不作为经常性财政收入,不计入现有与支出挂钩项目的测算基数。

中央所得的燃油税收入，除返还中国石油天然气集团公司和中国石油化工集团公司（以下简称两大集团）所属原油及成品油生产企业生产工艺过程自用汽油、柴油缴纳的燃油税外，一部分用于弥补军队、武警部队、国家储备、铁路机车、中央农垦（包括兵团）农业田间作业用油，中央直属的煤炭、冶金等露天矿山企业生产用油和中央直属林业企事业单位营林、采伐生产用油等因征收燃油税增加的支出，用于长江干线航道养护、内河基础设施建设、沿海和内河船舶的更新改造、航道支持保障系统的船舶建造、航道基础设施维护和建设支出；另一部分按照适当考虑地方既得利益和兼顾公平与效率的原则，通过采用“基数加因素分配法”的转移支付方式分配给地方。具体办法由财政部另行制定，报国务院批准后实施。

地方所得的燃油税收入，除返还符合条件的地方所属原油及成品油生产企业生产工艺过程自用汽油、柴油缴纳的燃油税外，主要由地方用于公路、水路维护和建设及必要的运输管理支出，适当安排用于城市道路维护和建设，铁路与公路交叉无人看管道口的监护支出，补偿城市公共汽车用油（气）支出；补偿城市轮渡、地方铁路机车用油，地方所属的煤炭、冶金等露天矿山企业生产用油，林业企事业单位营林、采伐生产用油，农业田间作业用油，近海、内河、大型湖泊渔业捕捞用油等因征收燃油税增加的支出；承担中央在地方单位因征收燃油税需要补偿的部分支出，以及地方政府确定的其他补偿支出。对开征燃油税后农业田间作业等用油增加的负担，各省、自治区、直辖市人民政府要结合本地实际，采取相应补偿措施，认真落实补偿责任制，并将补偿办法报国务院备案，同时抄送国务院交通和车辆税费改革部际协调小组。按照国家有关规定，原养路费中有一定比例用于弥补交警经费，改征燃油税后，地方要从所得的燃油税收入中予以安排。具体分配使用办法由地方政府确定。

车辆购置税收入，由中央财政根据交通部提出、国家计委审批下达的公路建设投资计划，统筹安排，主要用于国道、省道干线公路建设。

根据国务院有关规定，水利建设基金从原有车辆购置附加费、养路费中各提取 3%；中央财政每年从车辆购置附加费中安排 3 亿元用于老旧汽车更新改造。征收燃油税和车辆购置税后，中央和地方财政部门要按照税费改革前从车辆购置附加费和养路费中实际提取的水利建设基金数额，分别从车辆购置税和地方所得的燃油税收入中定额提取相应资金，用于水利基础设施建设；中央财政继续从车辆购置税收入中安排相应资金用于老旧汽车更新改造。取消一些收费项目后，公安交通管理等部门的有关经费，由各级财政部门予以合理安排。

五、改革的配套措施

(1)认真做好宣传解释工作。交通和车辆税费改革是整个税费改革的重要内容，对于从根本上治理“三乱”，切实减轻企事业单位和人民群众的负担，防止腐败，促进财税体制的进一步完善，具有十分积极的意义。各地区、各部门和各单位要讲政治，顾大局，统一认识，齐心协力，确保改革的顺利实施。要通过新闻媒体，采取多种形式，进行广泛宣传解释，使之得到社会各方面的理解和支持。

（2）做好加强税收征管的相关工作。

①按照《国务院办公厅转发国家经贸委等部门关于清理整顿小炼油厂和规范原油成品油流通秩序意见的通知》（国办发〔1999〕38 号）的要求，各省、自治区、直辖市人民政府和国务院有关部门要依法对成品油生产和经营企业进行清理整顿，取消不合格的生产经销企业的经营资格，并加大监督检查力度，巩固已经取得的成果。对清理整顿合格的加油站（点）必须安装税控装置或具有税控功能的加油机；同时，要在成品油零售过程中逐步推行集中配送、连锁经营。军队、武警部队等直供用户的加油站（点）清理整顿工作，由中国人民解放军总后勤部、中国人民武装

警察部队分别与国家经贸委、税务总局共同负责。直供用户的自用加油站(点)统一发给“自用证”,不得对社会经营。

②调整成品油直供用户。除军队、武警部队、铁路、国家储备、农垦(包括兵团)等中央单位用油继续保留定点供应外,其他用户用油一律通过市场供应渠道供给。对保留定点供应的用户,其供应方式和价格暂按现行规定执行。成品油直供用户的具体管理办法,由国家计委会同有关部门另行制定。

③军队、武警部队、铁路、国家储备、农垦(包括兵团)等直供用油额度计划,由国家计委会同财政部、税务总局核定下达;军队、武警部队、铁路机车、国家储备、中央农垦(包括兵团)农业田间作业用油因征收燃油税增加开支的补偿数额,由财政部实行总量控制。

④严厉打击油品走私活动。海关、工商、公安、税务、财政、外经贸等有关部门要密切配合,与地方政府共同采取有力措施,加大对各种油品

走私的打击力度，依法从重从快处理油品走私案件。同时，要加强油品市场监管，严厉打击各种假冒伪劣油品与合同欺诈等违法行为。

（3）清理整顿各类公路、城市道路、水路收费站（卡），坚决撤消非法设置、已还完贷款（或有偿集资款）和经营期满的公路、城市道路、水路收费站（卡）。具体整顿工作由国务院有关部门和各省、自治区、直辖市人民政府负责。加强对公路、城市道路、水路收费站（卡）收取的车辆通行费、船舶过闸费的管理。凡国内外经济组织设立公路或城市道路经营企业收取车辆通行费，统一由省、自治区、直辖市物价部门会同交通或建设部门审核后，报同级人民政府审批。收费时要按照有关规定使用税务发票，依法纳税；凡交通、建设部门贷款或按照国家规定有偿集资修建路桥、隧道、渡口、船闸收取车辆通行费、船舶过闸费，收费项目由省、自治区、直辖市财政部门会同物价、交通或建设部门审核，收费标准由省、自治区、直辖市物价部门会同财政、交通或建设部门审核后，报同级人民政府审批，收费时要按照有关规定到指定的价格主管部门申领收费许可证，使用省、自治区、直辖市财政部门统一印（监）制的收费票据，所收资金全额纳入财政专户，实行“收支两条线”管理，不缴纳营业税等税收。

（4）清理整顿出租汽车等城市公共客货运输市场。按照《国务院办公厅转发建设部、交通部等部门关于清理整顿城市出租汽车等公共客运交通意见的通知》（国办发〔1999〕94 号）的要求，针对当前出租汽车等城市公共客货运输市场存在的问题，认真进行清理整顿，为交通和车辆税费改革创造良好的外部环境。

（5）加快航运业结构调整步伐，整顿航运秩序。按照有关要求，调整航运业运力结构，切实解决运力结构性过剩的问题，促进航运业的健康发展。

（6）调整有关价格。征收燃油税后，一些专业运输企业和港口企业，包括出租汽车公司、长途客运公司、货运公司、港口装卸公司、水运公司等增加的负担，除通过取消有关收费项目减轻部分负担和自行消化一部分外，在市场条件允许的情况下，可以按照国家规定通过适当提高价格的办法解决。

（7）妥善安置现有交通和车辆收费稽征人员。要结合机构改革，对现有车辆购置附加费、公路养路费、公路运输管理费、水路运输管理费、航道养护费等稽征管理机构进行划转、撤并、精简，有关部门要合理安排下岗分流人员的安置费用。对下岗分流人员要进行专业技能定向培训，予以妥善安置；鼓励自谋职业，广开就业门路，实施再就业；暂时安置不了的，通过社会保障体系解决基本生活费用，维护社会稳定。

（8）规范交通基础设施维护、建设和行政管理资金的使用和管理。从我国实际情况出发，参照国际通行做法，在合理划分中央政府与地方政府在交通基础设施维护、建设和行政管理事权的基础上，按照资金分配和使用相分离，管理和监督相结合的原则，财政部门根据交通基础设施维护计划和计划部门下达的交通基础设施建设投资计划，负责编制预算和拨付资金，并实行国库集中支付，交通、建设部门负责资金的使用，审计部门负责对资金使用情况进行审计监督。具体办法由财政部会同交通部另行制定。有关交通基础设施建设投资计划和项目管理办法，由国家计委会同交通部、建设部另行制定。

六、改革的实施步骤

《中华人民共和国车辆购置税暂行条例》自2001年1月1日起实施。《中华人民共和国燃油税暂行条例》的出台时间，由国务院另行决定。

国务院办公厅关于在燃油税正式实施前切实加强和规范公路养路费征收管理工作的通知

国办发[2006]103号

各省、自治区、直辖市人民政府，国务院各部委、各直属机构：

公路养路费是公路建设和养护的主要资金来源。为深化和完善财税体制改革，从源头上遏制乱收费，鼓励节约能源，以及建立稳定的公路发展资金渠道，国家在1999年进行了交通与车辆税费改革。1999年10月修订的《中华人民共和国公路法》规定，国家采用依法征税的办法筹集公路养护资金，具体实施办法和步骤由国务院规定。随后，《国务院批转财政部、国家计委等部门〈交通和车辆税费改革实施方案〉的通知》（国发[2000]34号）明确指出，先行出台车辆购置税，考虑到国际市场原油价格较高，为稳定国内油品市场，燃油税的出台时间将根据国际市场原油价格变动情况，由国务院另行通知。同时要求，在燃油税正式实施前，要继续做好公路养路费等规费的征收管理工作，确保足额征缴。

几年来，有关部门一直密切关注国际国内市场油价变动情况，不断修改完善燃油税实施方案，进一步落实改革配套措施，积极为实施燃油税改革创造条件。交通部门认真贯彻《中华人民共和国公路法》和国务院的要求，在燃油税实施前，积极做好公路养路费的征收管理工作，财政、发展改革、公安等部门以及地方各级人民政府大力支持协助，广大车主密切配合，养路费征收管理工作取得了显著成绩。但也要看到，目前在养路费征收管理工作中还存在一些问题，主要是：少数车主对征收养路费的法律法规和政策存有模糊认识，逃缴、漏缴养路费；为争抢费源，部分地区随意降低征收标准，吸引外地车辆改挂本地牌照；征收环境亟待改善，暴力抗费事件时有发生等,造成国家规费大量流失,不利于公路建设和养护的顺利进行。目前,国际油价仍在波动,实施燃油税改革的时机还需进一步观察。因此,在燃油税正式实施前,各地区、各有关部门要按规定继续做好养路费的征收管理工作,保障公路建设和养护的资金需求。经国务院同意,现就在燃油税正式实施前进一步加强和规范公路养路费征收管理工作通知如下:

一、提高思想认识,继续做好养路费征收管理工作

(1)高度重视做好养路费征收管理工作。近几年来,我国公路事业迅速发展,公路总量和客货运量不断增加,养护任务日益繁重,建设、养护所需资金快速增长。在燃油税出台前,加强和规范养路费征收管理工作,是保障公路建设顺利进行、提高公路养护质量的迫切需要。同时,建立良好的养路费征收秩序,可以为完善燃油税实施方案,顺利出台燃油税创造有利条件。各地区、各有关部门要提高认识,加强组织领导，依法做好养路费的征收管理工作，确保养路费及时、足额、有序征收。要加强养路费资金使用的管理和监督，确保专款专用。加快公路养护运行机制改革，降低人员经费支出，提高养路费使用效益。

（2）养路费征收管理要坚持地方政府统一领导、交通部门具体负责、各有关部门密切配合的工作机制。地方各级人民政府要及时采取有效措施解决存在的矛盾和问题，积极为养路费征收管理创造良好的条件。公安、财政、税务、工商、物价、农机、宣传等有关部门要支持和协助交通部门做好养路费征收稽查工作。

（3）增强车主的自觉缴费意识。要加大宣传工作力度，通过多种形式广泛宣传征收养路费的意义，使广大车主充分认识养路费的性质、用途和作用，充分了解养路费征收管理的有关法律法规和政策，澄清模糊认识，增强自觉缴费意识。

二、完善征收管理政策，建立规范有序的征收秩序

(1)规范养路费征收标准。目前，机动车流动性越来越强，活动范围越来越广，保持地区间养路费征收水平的基本均衡有利于规范养路费征收秩序。各地区必须严格按照国家规定的核定办法、程序及权限制订和调整养路费征收标准，即根据运输企业平均营运收入额的12%～15%进行测算，具体征收标准由省、自治区、直辖市交通部门提出，经同级价格、财政部门审核后报省级人民政府批准并向社会公布后执行，同时报发展改革委、财政部、交通部备案。各地要牢固树立全局观念，严禁随意降低或提高养路费征收标准。对故意降低养路费征收标准吸引外地车辆挂靠，破坏正常征收秩序的，要坚决予以制止和纠正，并严肃追究相关单位和人员的责任。对少数已经擅自降低征收标准的地区，要于2007年3月底前予以纠正。

(2)明确征收对象和减免政策。机动车(含入境的境外机动车)均要按规定缴纳养路费，其所有人是缴费义务人。未按规定缴纳养路费的车辆,不得上路行驶。交通部门所属的养路费征稽机构要严格按照规定征收养路费。对符合条件的车辆继续实施养路费减征或免征政策。对原享受减征、免征优惠,现因改革改制、实行承包经营等原因已成为以赢利为主要目的的车辆,不得减征或免征养路费。对经交通部核准的从事道路运输经营的推荐车型以及国家鼓励使用的运输车辆和三轮汽车,可适当减免养路费。各地要及时调整和完善养路费减免的具体政策,并按程序和权限报批,交通部等有关部门要加强指导和检查。

(3)实行属地征收。养路费由车辆的车籍所在地征稽机构负责征收。外国及港、澳、台地区车辆入境行驶的,其养路费由入关地征稽机构负责征收,其中有双边协议的按双边协议执行。主要在外省、自治区、直辖市施工作业或运营、留驻(以下简称调驻)并超过三个自然月的车辆,应在调驻地缴纳养路费。调驻地征稽机构要将车辆缴费情况及时通报车籍所在地征稽构,避免重复缴费。征稽机构不得到本辖区以外的地区征收养路费。

(4)统一缴费时间。机动车自进行车籍登记之日起按规定缴纳养路费。养路费按月缴纳,也可以预缴。缴费义务人应在每月10日前缴纳当月养路费。对未按期缴纳的,除全额追缴外,还要依法收取滞纳金和罚款,滞纳金按原缴纳标准减半收取,即每逾期一日,加收应缴养路费额的千分之五。

(5)加强票据管理。养路费缴(免)费凭证是缴费行车凭证,必须随车携带。养路费缴(免)费凭证遗失或损毁的,在登报声明作废后,可向缴费地征稽机构申请办理遗失或损毁证明。对印制和使用假冒养路费票证以及采用套牌等手段逃缴养路费的,交通部门要会同财政、公安等部门进行查处。

(6)逐步完善养路费征收计量方式。要对养路费征收计量方式有关问题深入研究,提出科学、合理、公平的计量方式及核定原则,进一步完善有关制度，推进养路费征收的规范化和科学化。

三、加大征收管理力度，确保及时足额征收

（1）开展整治车辆外挂专项行动。针对当前车辆外挂日益严重的状况，交通、公安、工商、税务等有关部门要联合开展外挂车辆专项整治活动，纠正车辆外挂行为，确保车辆的车籍地、车主的户籍地和养路费缴纳地“三地”一致。各地区、各有关部门要结合当地实际，做好相关服务工作，为外挂车辆转回提供便利条件。交通部门要牵头开展车辆外挂情况调查工作，督促外挂车辆转回实际车主的户籍地登记。工商部门要加强对道路运输企业和个体业户的登记监管，取缔无证经营，对违反工商行政管理法规介绍、拉拢、吸纳车辆外挂的组织和个人要依法查处。

（2）严厉打击各种拖欠、逃缴养路费行为。任何单位和个人不得拒绝履行缴费义务，不得妨碍、阻挠交通部门依法进行的养路费征收稽查工作。对拖欠、漏缴、逃缴的养路费，交通部门要依法追缴,对恶意拖欠,数额较大,情节严重,影响恶劣的,依法移送司法机关处理。

(3)强化源头征稽。征稽机构要建立健全车辆缴费档案,通过媒体公告、信函、电话等方式,提醒或督促车主缴费。对已报废或损毁灭失的机动车,车主要及时申请注销或核销;对因被盗抢、被行政或司法扣押、发生交通事故等原因而停驶的机动车,车主要及时向征稽机构申报,从征稽机构核准的次月起停缴养路费。

四、改进征收方式,提高服务水平

(1)积极采用先进的征稽手段。要加快推广省(区、市)内联网征费和银行代征业务,方便车主就近快速缴费。要尽快开展养路费征收稽查全国联网系统的开发与应用,为加强养路费征收监管、开展跨地区行驶车辆的养路费电子稽查、方便车主查询缴费情况提供支持。征稽人员在实施稽查时,应严格按照规定进行,并尽量采用电子稽查等不停车稽查方式。

(2)营造良好的征收环境。要提高养路费征收管理工作的公开性和透明度，争取全社会的理解支持。养路费征稽机构应公开征收依据、征收标准和业务流程，公开咨询和投诉电话、通信地址及电子邮箱，自觉接受社会监督。同时，要增加缴费服务网点，积极采取上门征收、邮寄养路费票证、电子支付等便民利民措施，不断提高征收工作的服务水平。

国务院办公厅

二〇〇六年十二月二十二日

图书在版编目（CIP）数据

公路执法查处的违法行为及其法律责任/陈　晖，张柱庭编著．北京：人民交通出版社，2007.5

ISBN 978-7-114-06588-0

Ⅰ．公…　Ⅱ．①陈…　②张…　Ⅲ．公路养护—行政执法—中国　Ⅳ．D922.296

中国版本图书馆 CIP 数据核字（2007）第 077765 号

书　　名：公路执法查处的违法行为及其法律责任
著 作 者：陈　晖　张柱庭
责任编辑：谢仁物
出版发行：人民交通出版社
地　　址：（100011）北京市朝阳区安定门外外馆斜街 3 号
网　　址：http://www.ccpress.com.cn
销售电话：（010）85285838，85285995，85286361
总 经 销：北京中交盛世书刊有限公司
经　　销：各地新华书店
印　　刷：北京市密东印刷有限公司
开　　本：880×1230　1/64
印　　张：5.125
字　　数：119 千
版　　次：2007 年 7 月　第 1 版
印　　次：2007 年 7 月　第 1 次印刷
书　　号：ISBN 978-7-114-06588-0
印　　数：0001-10000 册
定　　价：19.00 元